ESSAIS

sur

divers sujets relatifs à la navigation
et au commerce pendant la guerre

PAR

Mr. DE STECK.

A BERLIN

CHEZ FREDERIC NICOLAI 1794.

ChAPITRE PREMIER

de L'embargo ou de L'arrét des Vaisseaux.

*E*mbargo est un terme tiré de l'Espagnol, qui répond au mot françois *Arrét*. Mettre un embargo sur les vaisseaux marchands, c'est arrêter les vaisseaux qui se trouvent dans un port lors de la déclaration de la guerre, et empêcher qu'il n'en sorte aucun, afin de les trouver prêts pour le service de l'état en cas de besoin. En France on dit fermer les ports.

On ne soumet à l'embargo que les navires marchands. Les vaisseaux de guerre n'y sont pas assujettis. Le souverain les fait retenir pour s'en servir pour quelque expédition, pour quelques transports de provisions, de munitions de guerre et de bouche, de chevaux, de troupes.

Le motif de l'embargo est ordinairement pour s'assurer d'un nombre suffisant

4

de bâtimens propres aux transports, quelquefois pour suppléer au manque et à la disette de matelots, ou pour donner aux vaisseaux de guerre le tems d'engager des matelots, qui, autant qu'ils le peuvent, préfèrent le service des marchands à celui du souverain. *a*)

On ne sauroit douter que le souverain ne soit en droit d'employer aux nécessités de l'état toutes les facultés de ses sujets, et de se servir de leurs bâtimens et de leurs navires dans ses besoins. Le pouvoir suprême l'autorise à disposer des personnes et des biens des citoyens selon l'exigence et les besoins du corps politique. *b*).

Le droit d'arrêter et de retenir les vaisseaux étrangers et neutres n'est pas aussi évident et incontestable. Les sujets d'un autre état ne sont aucunement obligés de prêter leurs navires à un souverain étranger pour s'en servir dans ses besoins. C'est la seule nécessité qui pourroit justifier cette con-

---

a) Mr. DE ST. REAL: dans le droit des gens. Ch. 2. T. V. *de la Science du gouvernement T. V. p.* 538.

b) Dans l'école des Jurisconsultes on appelle incongrûment cette partie de l'autorité souveraine *dominium eminens.* I. TH. HEINECCIUS: dans les *Elem. Jur. nat. et gent. L. II.* §. 168. 173. *Tom I. op. omn. p.* 279. 281.

trainte, et excuser un tel usage des navires appartenans aux nations amies et neutres. c)

Les Nations anciennes ne se sont sûrement fait aucun scrupule de se servir dans leurs geurres et leurs besoins des vaisseaux et des bâtimens d'autres peuples, lorsqu'ils les ont rencontrés dans la pleine mer, ou sur les côtes, ou qu'ils les ont trouvés dans leurs ports et leurs rades. Hug. Groot en allègue un exemple. d) L'Empire Romain n'ignoroit pas ce genre de service, et ce parti que l'on pouvoit tirer de la navigation de ses sujets. On employoit leurs bâtimens et leurs vaisseaux dans les besoins de l'état, on s'en servoit pour les expéditions et les transports de provisions, de munitions. e) Le moyen âge mettoit déja le pouvoir d'exiger ce service des vaisseaux appartenans aux sujets de l'état au nombre des droits regaliens. f)

---

c) Hug. Grot. *Jur. belli et pacis.* L. II. C. II. §. X. 10. Fr. Ruetti dis. *de Jure portuum.* Cap. IV. N. 25. Tom. X. Diss. Stryckian. p. 24. *de angariatione navium.*

d) L. II. C. II. §. X.

e) On appelloit cette contrainte *Angaria. Angariare navem* étoit mettre l'embargo sur un vaisseau pour s'en servir. Ulpien L. 4. D. de *veteranis.*

f) 2. Feud. 56.

Quelque incontestable et quelque évident que soit le pouvoir du souverain de se servir des vaisseaux et des bâtimens appartenans à ses sujets, il n'en est pas de même des navires des nations amies ou neutres qui se trouvent dans ses ports lorsque la guerre éclate et la rupture se déclare. Ces navires sont en son pouvoir, mais ils ne sont pas soumis à son autorité ni à sa puissance. *g*) Cependant, quoiqu'il en soit, l'usage général de l'Europe autorise les souverains à en user de sorte avec les amis et les neutres. *h*) On met l'embargo sur les vaisseaux tant domestiques que forains et étrangers, pour s'en servir, pour en faire usage dans les besoins de l'état. Mais on retient, on arrête, on saisit les vaisseaux ennemis, lorsque la rupture éclate, pour les confisquer, pour les déclarer de bonne prise. Il faut donc bien distinguer *l'embargo* d'avec *la saisie* des vaisseaux, quoique notre siecle qui confond tout, se plaise continuellement à les brouiller et à les mêler ensemble.

---

g) GALIANI: *Recht der Neutralitaet.* II. Th. X. C §. 4. p. 289.
h) Mr de st. REAL dans *le droit des gens*. Ch. IV. T. V. de la science du gouvernement. p. 536. 539.

CHAPITRE SECOND

de l'indemnité due aux propriétaires des vais-
seaux sur lesquels on a mis L'embargo.

Comme le souverain n'a d'autres motifs
et d'autres moyens pour colorer, pour justifier l'embargo à la rigueur duquel il soumet les vaisseaux et les bâtimens qui se
trouvent dans ses ports et ses rades lorsqu'il est engagé dans un guerre, que la
nécessité de s'en servir dans les nécessités
de l'état, il ne sauroit, sans commettre une
injustice insigne, refuser un dédommagement
proportionné aux propriétaires des navires
arrêtés.

On borne communément cette indemnité au fret et au louage que l'on paye pour
les vaisseaux dont on se sert effectivement.
On la refuse pour les frais et les dommages de l'arrêt et de la détention. Les souverains se persuadant d'user d'un droit incontestable ne se croyent pas tenus de dédommager les propriétaires et les maîtres
des navires retenus pour le tems pen-

dant lequel ils avoient été obligés des s'arrêter. *i*)

C'est ainsi que les minitres de France cherchoient à éluder les instances de ceux de Suéde, de Danemarc et de Hollande, qu'ils firent à la cour de Versailles pour obtenir un dédommagement à l'occasion des vaisseaux appartenans aux sujets de ces trois Puissances retenus par l'embargo, que le Roi trés-chrétien mit sur tous les bâtimens françois et étrangers dans les ports de Picardie et des pays-bas pour faire transporter en 1746 des troupes en Ecosse en faveur du Chevalier de St. George.

Les Rois d'Espagne et d'Angleterre engagés dans une guerre maritime eu 1739. 1740. mirent plusieurs embargos dans tous les ports. Mais les expéditions projettées n'ayant pas lieu, ces arrêts furent levés au bout d'un certain tems, mais sans que les vaisseaux marchands arrêtés eussent reçu le moindre dédommagement. *k*) L'Espagne fit paroître plus des générosité, ou elle usa de plus d'équité à l'occasion de l'embargo

---

i) Mʀ. ᴇᴇ sᴛ. ʀᴇᴀʟ: dans le droit des gens. Ch. II. Sect. IX. §. IX. Tom. V. *de la Science du gouvern.* p. 516.

k) ᴅᴇ sᴛ. ʀᴇᴀʟ. c. I. p. 559.

général qu'elle jugea à propos de mettre sur
tous les vaisseaux qui se trouvoient dans les
ports du royaume lors de l'expédition de
1718. 1732. sur Sicile et Oran. Tous les
vaisseaux furent jaugés, et du moment
qu'ils furent ainsi mesurés, on leur paya à
raison de deux piastres par mois pour chaque tonneau, de sorte qu'un navire de cent
tonneaux gagnoit deux cent piastres par mois
jusqu'au moment qu'il étoit congédié. *l)*

Ceux qui font consister l'indemnité des propriétaires des vaisseaux assujettis et soumis à l'embargo et retenus par
un tel arrêt dans le payement du service que
l'on en tire, ne réfléchissent point aux torts
et aux dommages causés à des étrangers par
une telle détention de leurs vaisseaux; ils
ne considèrent non plus, que ces étrangers
n'ont aucune obligation envers l'état qui
ordonne cet arrêt. m)

Il est plus douteux, si les sujets de l'é-
tat, dont le souverain arrête et employe les
navires, sont en droit d'exiger le payement
du fret, et un dédommagement pour l'arrêt

---

l) DE ST. REAL. c. l. p. 537.

m) C'est l'opinion de MR. DE VATTEL dans *le droit des
gens. L. II. Ch. IX.* §. 121.

et la détention des leurs bâtimens. Les sujets étant obligés d'aider l'état de leurs voi-
tures, de leurs bêtes de somme, de charge,
de trait, et par conséquent de leurs navires
et des leurs bâtimens, ils semblent ne pouvoir demander ni louage, ni fret, ni aucun
dédommagement. C'est une espèce de service et de corvée, dont ils ne peuvent pas
s'exempter, et pour laquelle ils ne sauroient
demander aucune rétribution. Mais l'équité paroit aussi exiger, que chaque citoyen
soit indemnisé de ses pertes, qu'il a souf-
fertes pour la cause commune, de ses sacri-
fices qu'il a faits à la sûreté, à la défense,
aux intérêts de l'état, des services qu'il a
été obligé de rendre extraordinairement à
la republique. *n*)

On n'a pas besoin de recourir à l'analo-
gie-des loix grecques sur le jet des marchandises à la mer, attribuées aux Rhodiens,
pour en induire l'obligation de l'état d'indemniser les individus de la societé de ce qu'ils
ont fait ou souffert pour le salut commun. *o*)

---

n) Mr. de Vattel: dans *le droit des gens* T. III. L. III.
Ch. XV. §. 232. van Bynckershoek: *Quaestion.
Juris publ.* L. II. C. XV. p. 290. T. V. op. omn.

o) August de Leyser *spec.* 160. medit. ad Pand.

CHAPITRE TROISIEME

des conventions tendantes a mettre une Nation

a l'abri de l'embargo.

Dèsque l'embargo est mis sur les vaisseaux qui s'arrêtent dans un port, les ministres des nations dont les navigateurs souffrent par une interruption si inattendue de leur voyage et de leur commerce, se donnent ordinairement aussitôt bien du mouvement, pour en obtenir main - levée. Mais comme leurs instances sont communèment inutiles, et qu'ils ne réussissent que rarement à soustraire les vaisseaux appartenans à leur nation à cette contrainte et à les affranchir de ces entraves, le meilleur moyen de mettre une nation à couvert de ce désagrement et de cet accident sinistre est, d'insérer dans les traités de commerce et de navigation la stipulation expresse,

de ne pouvoir ni vouloir arrêter les marchands, les maîtres des navires, les pilotes, les matelots, les vaisseaux, les marchandises, en vertu de quelque mandement général ou particulier, pour quel-

que cause que ce soit, de guerre ou autrement, ni même sous prétexte de s'en servir pour la défense du pays. *p*)
Une pareille stipulation se trouve déjà dans

l'Article IX. du traité de paix, nommé de Pyrénées, conclu entre l'Espagne et la France le 7. Nov. 1659. dans *le Corps diplomat. universel du droit des gens* p. MR. DU MONT. T. VI. P. II· P. 166.

Tous les souverains qui ont réglé le commerce et la navigation de leurs sujets respectifs par des conventions, ont cru devoir cette protection aux négocians et aux navigateurs de leur nation de stipuler, que leurs vaisseaux soient exempts et à l'abri d'un pareil arrêt général. Je me borne à en alléguer quelques exemples.

Dans le traité de commerce et de navigation conclu le 30 Avril 1725. entre l'Empereur et le Roi d'Espagne Art. XXV. *q*) on trouve la stipulation suivante à ce sujet:

---

p) L'ABBÉ MABLY: *droit public de l'Europe, fondé sur les traités.* L. II Ch. X. oeuvres Tom. VI. p. 529.

q) ROUSSET: *Recueil de traités.* T. II. p 155.

„Pariter praefatas naves, sive bellicae,
„mercatoriae, vectoriae, aut alterius cujus-
„cunque speciei sint, nullo sive generali,
„sive speciali mandato attinere liceat, sive
„deinde in usum belli, sive commeatus cau-
„sa fiat, nisi hac super re cum privatis,
„aut ipsismet proprietariis navium peculiari-
„ter, libere, spontaneeque convenissent,
„multo minus licitum erit, per vim com-
„pellere officiales aut naviculatios ad dese-
„rendas eorum naves, et ad serviendum in
„aliqua classe navali, aut sub alia manu mi-
„litari tam instruere, quam instituere vellent,
„etiamsi id ad breve tempus esset, et in
„occasionibus maxime prementibus contin-
„geret. Si vero suapte ad servitia ipsi se
„offerrent, eosdem conducere licitum erit.

Il est pareillement stipulé dans le traité de commerce et de navigation conclu
entre sa Majesté trés-chrétienne et les
Etats généraux des Provinces unies des
Pays-bas, le 21. Dec. 1739. r)
que les les vaisseaux des deux nations soient
toujours exempts de l'embargo. L'article
est conçu en ces termes:

---

r) Wenck: *Cod. Iur. gent recentiss.* Tom. I.

„Les Maîtres des navires, leurs Pilotes,
„Officiers, Soldats, Matelots et autres gens
„de mer, les navires mêmes, ni les den-
„rées et marchandises dont ils seront char-
„gés, ne pourront être saisis, ou arrêtés en
„vertu d'aucun ordre général ou particulier
„de qui que ce soit, ou pour quelque cause
„ou occasion que ce puisse être, non pas
„même sous prétexte de la conservation et
„défense de l'état. etc.
Le

Traité de commerce conclu entre le
Roi de France et le Roi de Danemarc le
23 Aout 1742.

contient Art. XXX. XXXI. la stipulation
suivante par rapport à l'embargo: *s*)

„Aucun des navires tant marchands
„que de guerre, qui se trouveront dans les
„ports de l'un des deux Rois, ne sera con-
„traint de servir ni en guerre, ni au trans-
„port de quoi que ce soit, sans le consen-
„tement ou du Roi ou du l'habitant ou du
„maître, auquel il appartiendra, quoique le
„capitaine y eût consenti.

„Les Maîtres et Capitaines des navires
„les pilotes, les soldats, les matelots, ou au

---

s) WENCK: *Cod. Jur. gent. recentiss.* T. I. p. 622. sq.

„tres gens de marine, les navires, les mar-
„chandises, et les biens dont ils seront char-
„gés, ne pourront être arrêtés et saisis en
„vertu d'aucun mandement ou général ou
„particulier, et pour aucune cause que ce
„soit, non pas même sous prétexte de vou-
„loir s'en servir pour la conservation et dé-
„fense eu Royaume. etc.

Le

Traité de navigation et de commerce
entre la France et la Russie conclu le 11
Janv. 1787.

garantit les sujets respectifs des embarras de
l'embargo dans l'article XXIV. *t*)

„Les navires de l'une et de l'autre par-
„tie contractante ne pourront sous aucun
„pretexte être contraints, en tems de
„guerre, de servir dans les Flottes ou es-
„cadres de l'autre, ni de se charger d'au-
„cun transport. Cela se promet aussi dans le
Traité de commerce et de nav. entre la
Russie et le Danemarc, conclu le 19
Oct. 1782. Art. XIV. *u*)

„Aucun de ces navires ne sera forcé

---

t) DE STECK *Essai sur les Consuls.* P. II. p. 204. DE MAR-
TENS *Recueil de traités.* T. III. p. 14.

u) DE MARTENS: *Recueil de Traités.* T. II. p. 290.. CH.

„de servir en guerre, ni à aucun transport
„quelconque contre son gré.

Un Etat, reduit à l'extrême et la dernière necessité, pourroit se dispenser d'un
tel engagement en se servant pour sa défense et son salut des vaisseaux de la nation
avec laquelle il vient de le contracter. Nous
venons de voir assujettir en Hollande à
l'embargo les vaisseaux des Anglois qui
avoient transporté les troupes envoyées à sa
défense contre les Francs qui envahissoient
la republique.

CHAPITRE QUATRIÉME

de l'embargo considéré relativement à l'assurance.

Il faut bien distinguer

α. la défense du souverain faite aux
vaisseaux de ses sujets de partir, de sortir
du port, pour en prévenir la prise par les
ennemis.

b. l'ar-

Jenkinson: *Collection of all the Treaties.* Vol. III. p.
288.

β. l'arrêt des vaisseaux de ses sujets pour son service.

γ. l'arrêt des vaisseaux ordonné par un prince étranger pour s'en servir dans ses besoins.

La défense de partir et de sortir se fait en tems de guerre, ou à la veille d'une guerre, pour préserver et garantir les vaisseaux des sujets de la prise des vaisseaux de guerre ennemis ou armés en course. Le souverain défend aux vaisseaux de sortir et de partir jusqu'à un nouvel ordre, ou de ne partir qu'en compagnie, ou quelquefois même qu'en flotte sous l'escorte des vaisseaux de guerre, qui tantôt doivent les convoyer et escorter durant tout le voyage, tantôt ne les convoyer que jusqu'au débouquement, où sont ordinairement les croisières des vaisseaux et des armateurs ennemis. *x*)

Le souverain est en droit de prendre les vaisseaux marchands, et les bâtimens de ses sujets pour son service, pour des transports dans les besoins et les nécessités de l'état. Selon les loix des Empereurs Romains les

---

x) Nouveau commentaire sur l'ordonnance de la marine pour Mr. Valin. T, II. L. III. Tit. VI. Art. LII. p. 134.

propriétaires des navires étoient tenus de fournir leurs bâtimens pour le transport des blés et pour d'autres nécessités publiques. *y*)

Les souverains des états modernes de l'Europe exigent le même service de leurs sujets propriétaires des vaisseaux. Ils s'en servent pour les transports des munitions de guerre et de bouche, des blés, de l'artillerie, des troupes. Ils ne souffrent, ni admettent aucune opposition, ni réclamation de leur part; mais ils ne manquent guères de leur accorder un nolis convenable, sans les indemniser des dommages causés par leur arrêt. Si l'arrêt des vaisseaux est ordonné par un prince ou souverain étranger, et que tous les vaisseaux se trouvant dans un port sont généralement soumis à un tel embargo, on dit le port fermé. Lorsque tels, ou tels navires sont arrêtés, sans que le port soit généralement fermé, on l'appelle *embargo spécial*, ou *Arrêt du Prince. z*)

----

y) L. 1. 2. C. de navibus non excusandis. L. 1. § 1. D. de veteranis. L. 3. D. de vacat. et excusat. mun. Jacqu. Godefroi dans *le Comm. sur le Code Théodosien.* Tom. V. L. XIII. T. VI. p. 113. sq. L. XIV. T. XXI. p. 290.

z) Traité des assurances *par* Mr. Emérigon. T. I. Ch. XII. Sect. XXX. p. 535. Sect. XXXII. p. 547.

Les arrêts de ce genre se font communément dans les ports ou dans les rades. Il peut cependant aussi arriver, que les vaisseaux sont arrêtés en pleine mer ou dans les mers adjacentes par un état ami ou neutre, pour cause de nécessité publique, et dans le dessein de s'en servir dans un besoin urgent. En voici un exemple:

La disette étoit à Corfou. Les galères de Venise rencontrèrent en pleine mer un bâtiment Genois, chargé de blé. Elles s'en emparèrent, et l'amenèrent à Corfou, ou le blé fut vendu et payé.

Si le souverain qui prend les vaisseaux de ses sujets pour son service s'engage en cas qu'un navire perisse pendant l'expédition, ou qu'il soit pris par l'ennemi, à en payer la valeur, le propriétaire étant indemnisé, l'assureur en est quitte et libéré. Mais si le prince ou le souverain ne se fait pas expressément responsable des fortunes et des risques de mer, c'est aux propriétaires à se tenir, et à recourir aux assureurs, le souverain n'étant à la rigueur aucunement obligé de les dédommager de la perte. *a*)

---

a) EMÉRIGON: *Traité des assurances.* T. I. Ch. XII. Sect. XXXII. §. 2. p. 550.

Un navire pris pour le service du souverain n'est pas censé perdu, il ne sauroit donc être delaissé, l'assuré ou le propriétaire ne pou vant en dénoncer la perte. Il peut encore en espérer, en obtenir main levée. Il faut pourtant par rapport à l'assurance distinguer le tems et les cas différens d'une telle perte.

I. Si le navire assuré est pris pour le service du souverain avant que le risque ait commencé, l'assurance sur le corps demeurera nulle à cause de la rupture du voyage. *b*)

II. Si le vaisseau est pris pour le service du souverain après que les risque est com mencé, les assurances sur le corps subsiste ront en leur entier; Car les assureurs ré pondent de l'arrêt du Prince, et du change ment forcé de route ou de voyage. *c*) Le payement que le souverain feroit de la per te seroit à la décharge des assureurs.

---

b) Si le voyage est entièrement rompu avant le départ du vaisseau même par le fait des assurés, l'assurance demeurera nulle.

Ordonn. de la marine de Fr. L. III. T. VI. Art XXXVII. LII.

V A L I N *dans le comm.* T. II. p. 95. 137.

c) Ordonn. de la marine. L. III. Tit VI. Art. XXVI.

V A L I N: *Comment.* T. II. p. 74.

III. Si le vaisseau est pris pour le service du souverain avant que les marchandises y aient été chargées, les assurances sur les facultés demeureront nulles. *d*)

IV. Si le navire est pris pour le service du souverain après que les marchandises y ont été chargées, les assurances sur facultés subsisteront en toute leur force parceque le risque avoit deja commencé. Il depend du bon plaisir de l'assuré de rétirer ses marchandises, pour les garder, ou en disposer à terre. Le risque seroit terminé, et la prime ne seroit pas moins acquise à l'assureur. Il est aussi loisible à l'assuré d'embarquer sa marchandise sur un autre navire au risque des assureurs, lesquels répondent du changement forcé et involontaire du vaisseau. *e*) L'assureur est dans ce cas tenu de donner part de ce changement aux assu-

---

d) Par l'argument de l'article LVI.
  de l'ordonn. de la marine L. III. T. VI.
    VALIN *dans le comment.* T. II. p. 137.

e) L'Art. XXVI.
  de l'ord. de la mar. L. III. Tit. VI.
    VALIN *Comm. ad Art.* 62. T. II. p. 135.

reurs, sans quoi l'assurance seroit nulle et caduque. *f*)

Quant à l'arrêt d'un prince ou souverain étranger, l'assureur en répond, parceque toutes les pertes et dommages qui arrivent sur mer par arrêt de prince sont mis aux risques de l'assureur. *g*)

Si la prime a été stipulée à tant par mois, elle seroit due pendant la détention du vaisseau parce que les assureurs répondent de la perte qui peut arriver dans cet intervalle.

Si l'assurance a été faite pour un tems limité, elle cessera à l'échéance du terme prescrit par la police, sans que le délai soit suspendu pendant l'arrêt.

Si l'assurance a été convenue pour l'entier voyage, moyennant une prime déterminée, il ne sera dû aucune augmentation de prime pour le tems de l'arrêt, parce que ce retardement est une force majeure, qui

---

f) Emerigon: *Traité des assurances.* Ch. XII. Sect. XXXIII. §. 2. Tom I. p. 551.

g) Ordonn. de la marine de Fr. L. III. T. VI. §. 26. Ordonnance d'Avar. et d'assurances de Prusse §. 71. Ordonnance d'assurances de Suéde Art. VI. §. 4. *Versuch von Assecuranzen.* C. 49.

est à la charge de l'assureur. *h*)

Pour déterminer, sur qui doivent tomber la perte du navire, ou les dépenses faites pour le navire pendant le tems de l'arrêt, il faut distinguer le cas du navire arrêté avant le voyage commencé d'avec le cas du navire arrêté dans sa route.

Si le navire est arrêté avant le voyage commencé, c'est à dire avant que le tems des risques ait couru pour compte des assureurs sur le corps, les pertes et dommages arrivés au navire et toutes les dépenses faites pour le navire, pour sa conservation et sa conduite pendant le tems de cette détention, sont étrangers aux assureurs, parçe qu'ils ne commençoient à être assureurs, que depuis le moment, que le navire auroit mis à la voile. Mais les assureurs seront responsables des pertes et des dommages arrivés au corps du navire pendant le tems de l'arrêt, si le vaisseau est arrêté aprés le risque commencé. *i*)

Il est permis aux assurés dont les navires sont arrêtés par un ordre d'un souverain

---

b) Émérigon: Traité *des assurances*. Ch. XII. Sect. XXX § 3. Tom. I. p 537.

i) Emérigon: Traité des assurances. c. I. §. 4. p. 518.

étranger d'en faire le délaissement à leurs assureurs. Mais comme un navire arrêté par ordre de prince ne sauroit être reputé perdu, et que l'on peut encore en obtenir main-levée, les loix fixent des termes de faire cet abandon, suivant la distance des lieux, où l'arrêt auroit été fait.

Le délaissement est par exemple autorisé par les loix maritimes de la France

après six mois, si l'arrêt est fait en Europe, ou en Barbarie:

après un an, si c'est en pays plus eloigné, le tout à compter du jour de la signification aux assureurs. *k*)

si les marchandises soumises à l'arrêt du navire sont périssables.

le délaissement pourra se faire après six semaines, si elles sont arrêtées en Europe ou en Barbarie, et après trois mois, si c'est en pays plus eloigné. *l*)

Les assurés sont tenus pendant ces délais de faire toutes diligences, pour obtenir main-levée du navire et des effets arrêtés.

---

k) L'ordon: de la marine. L. III. Tit. VI. Art. XLIX.
VALIN: *Comment. T. II. p.* 127.

l) Ordonn. de la marine. L. III. Tit. VI. Art. L.
VALIN: *Comm. T. II. p.* 132.

Les assureurs sont les maîtres de faire les mêmes efforts, si bon leur semble. *m*)

Si l'assuré obtient la main - levée de la saisie et de l'arrêt, et que ses marchandises ont souffert du déperissement, ou qu'autrement par le fait de la détention lui est causé un dommage, c'est une avarie qui regarde l'assureur. *n*)

Cette matière embrouillée est très bien développée par Mr. Emérigon dans le traité auquel nous renvoyons le lecteur. *o*)

CHAPITRE CINQUIEME

de la saisie des vaisseaux et des effets ennemis au moment que la rupture éclate entre deux nations.

Lorsque la rupture éclate entre deux nations, on commence ordinairement les hos-

---

m) Ordonn. de la marine. L. III. Ch. ou T. VI. Art. LI. VALIN: *Comm. T. II p.* 133.

n) VALIN: *Comm. sur l'ordonn. de marine.* T. II. L III. T. VI. Art. LI. p. 133.

o) Tr. des assurances. T. I. Ch. XII. Sect 20. 32.

tilités par la saisie des vaisseaux qui se trouvent alors dans leurs ports. Quelque fois cet enlevement est précedé d'une déclaration solemnelle de guerre, plusieurs fois il s'ordonne antérieurement. Souvent on se passe tout-à-fait de la formalité de déclarer la guerre en se contentant de donner à connoître par des actes d'hostilité que l'on se croit et veut être censé en état de guerre.

Pour mettre le commerce et la navigation d'une nation à couvert d'une interruption si soudaine, d'une saisie subite et inattendue, on stipule dans les traités de commerce

que les sujets des parties contractantes auront, en cas de rupture, un certain tems fixe après la déclaration de guerre, pour retirer leurs effets, vendre leurs marchandises, et les transporter où bon leur semblera. Jusqu'à l'expiration du terme convenu leurs vaisseaux et les effets y chargés sont à l'abri de toute saisie, et ils doivent jouir d'une entière liberté. *p*)

---

p) L'abbé Mably: *droit public de l'Europe fondé sur les traités.* T. II. Ch. XII. p. 445.

Ce terme se règle selon la distance des pays. Dans le Traité de commerce entre la Russie et la France

conclu en 1787. Art XLV.

il est fixé à l'espace d'une année après la déclaration de guerre. *q*) Pour prévenir l'incertitude et lever le doute sur l'existence et l'époque de la rupture, il est convenu dans le traité de commerce et de navigation entre la France et la Grande - Bretagne

conclu le 26 Sept. 1786. Art. 2.

que la rupture ne sera censée exister que lors du rappel ou du renvoi des ambassadeurs et des ministres respectifs. *r*)

Sans une stipulation de cette nature une nation qui vient de rompre avec l'autre, est en droit de s'emparer et de se saisir des vaisseaux appartenans à ses sujets qui se trouvent lors de la rupture dans les ports et les rades de la première. Mais l'équité semble prescrire un délai modique, qui ne soit trop court, et qu'il faut accorder aux capitaines et aux propriétaires des navires

---

q) Recueil de traités par Mr. DE MARTENS. T. III. p. 23.

r) Recueil de traités. etc. pas Mr. DE MARTENS T. II. p 681. Collection of Treaties between Great Britain and other Powers by GEORG. CHALMERS. T. I. p. 392.

pour les mettre à l'abri de la saisie en partant sitôt qu'il est possible.

Les sujets qui sous la foi des traités, du droit des gens et de la paix naviguent, et font leur commerce ne peuvent pas justement souffrir de la mésintelligence établie dans le cabinet des deux cours, avant qu'elle soit connue. Les déclarations de guerre ne sont établies et adoptées par le droit des gens, que pour publier aux peuples les querelles de leurs souverains, et pour les avertir, qu'ils se trouvent en état de guerre, que leurs personnes et leur fortune ont un ennemi à craindre. Sans cette déclaration convenue, il n'y auroit point de sûreté publique; chaque individu seroit en danger, ou en crainte au moment qu'il sortiroit des limites de sa nation, ou qu'il entreroit dans un port étranger. *s*)

Ces principes sont aussi applicables aux vaisseaux qui se trouvent au moment

---

s) Cet ainsi que le ministère de France raisonne dans son memoire remis à celui de la grande Bretagne le 15 Juill. 1761. Voyez

Le Memoire Historique *sur la négociation de la France et de l'Angleterre depuis le* 26 Mars 1761 1762. à Paris. p. 388. dans Ant. Faber: *neuen Staatskanzellei.* T. VI. p. 388.

que la rupture éclate, en pleine mer, comme à ceux dans un port ennemi. On ne sauroit sans injustice les prendre et les saisir. On ne conteste pas le principe, que le droit d'exercer des hostilités ne résulte pas toujours de la formalité d'une déclaration de guerre. Mais comme il n'est pas practicable, que deux Princes qui se font la guerre statuent entre eux, lequel est l'aggresseur de l'autre, l'humanité et l'équité ont dicté des précautions pour que, dans le cas où la rupture vient à éclater à l'imprévû et sans déclaration préliminaire, les vaisseaux étrangers, qui naviguant sous l'abri de la paix et des traités se trouvent dans les ports respectifs dans le tems de la rupture, aient le tems de se retirer en toute liberté. Ce principe si juste, si équitable, si conforme aux règles de la bonne foi, semble être consacré dans le droit des gens, étant adoptè par toutes les nations de l'Europe qui ont songé à règler leurs droits et leurs obligations relativement au commerce et à la navigation par des conventions solemnelles. Ces traités accordent une sauvegarde aux sujets respectifs, qui se trouvent avoir des vaisseaux dans le ports de l'une ou de l'autre, parce que ne pouvant avoir eu connoissance de la rupture survenue, ils ont navigué dans la confiance de la paix, et sur la foi des traités. *t*)

Par la même raison les autres sujets, qui ont au moment de la rupture des vaisseaux à la mer, doivent jouir de la même sauvegarde pour leurs navires, en quelque partie de la mer qu'ils se rencontrent, et toute prise des vaisseaux en pleine mer, faite avant la déclaration de guerre, doit être, à mon avis, censée illicite et illégitime. *u*)

Il arrive souvent, que le gouvernement n'ordonne l'arrêt et la retention des bâtimens ennemis dans ses ports que pour s'assurer de l'observation des traités de la part de la nation avec laquelle il vient de rompre, pour voir, si elle permettra aux vaisseaux appartenans à ses sujets de sortir et de se retirer en liberté et sans être retenus ou inquiétés. Le Roi de France écrivoit le

---

t) Mémoire de la Cour de France remis à celle de Londres dans la *négociation* de 1761.

N^r. 25. *de pièces justificatives* jointes au MEMOIRE HIST. de la Négoc. de 1761. dans *la Staatskanzelei* D'ANT. FABER, Tom. VI. p. 427.

u) L'ABBE MABLY: dans *le droit publ. de L'Europe,* Ch. XV. T. VII. des oeuvres etc. p. 252.

20 Juin 1744 en ce sens à l'amiral la lettre suivante :

„Mon Cousin, sur l'assurance qui m'a „été donnée, que la cour d'Angleterre se „conformera à l'article 19. du Traité d'U- „trecht, concernant les bâtimens apparte- „nans à mes sujets qui se sont trouvés dans „les ports de la Grande - Bretagne lors de „la déclaration de guerre, et qu'il leur se- „ra permis de revenir librement avec leurs „chargemens et effets dans les ports de „mon royaume, aussitôt que la même per- „mission aura été aussi donnée aux bâti- „mens anglois qui se trouvent dans le mê- „me cas: je vous écris cette lettre pour „vous dire, que mon intention est, que „tous les bâtimens anglois qui ont été rete- „nus dans mes ports, quand la guerre à été „declarée, aient la liberté de retourner dans „ceux de la Grande - Bretagne, avec les „chargemens et effets appartenans aux sujets „de sa Majesté Britannique, et que je désire „que vous donniez incessamment les ordres „necessaires pour qu'ils puissent s'y rendre „sans être inquiétés à leur retour par les „navires de mes sujets armés en course. w)

---

w) Code des prises. T, II. p. 392. sq.

CHAPITRE SIXIEME

des lettres de marque ou de commission,

et des lettres de représailles.

On confond communément les lettres de marque ou de commission avec les lettres de représailles, qui diffèrent pourtant essentiellement. Les lettres de marque ou de commission sont des lettres patentes du souverain ou de l'amirauté par lesquelles les sujets sont autorisés à armer des navires en course contre les ennemis de l'état, à s'emparer de leurs navires, de leurs chargemens et effets, et d'en acquérir la propriété. Le but de ces commissions est donc de faire tort à l'ennemi de l'état et à la nation avec laquelle on est engagé en guerre, d'affoiblir et de détruire la marine et le commerce, de faire du butin, de et s'enrichir aux dépens des ennemis. On accorde donc des lettres de marque et de commission avant que la nation ennemie ait fait des prises, et sans avoir reçu d'elle des torts et des dommages de ce genre.

Mais

Mais aussitôt que la nation ennemie a commencé à faire des courses, que le souverain avec lequel on est en état de guerre a commencé à accorder des lettres de marque à ses sujets en les autorisant à armer des navires en course; les commissions en course, accordées en revanche et pour rendre la pareille, peuvent être appelées lettres de représailles. Les Anglois ne distinguent pas les lettres de marque de celles de représailles, comprenant et entendant sous la dénomination des *lettres of ma que and reprisals* les unes et les autres. Mais en France on a plus de soin de les distinguer. On le verra pas la lettre suivante du Roi de France écrite à l'amiral le 10 Juillet 1778. *x)*

,,Mon cousin, l'insulte faite à mon pa-
,,villon par une frégate du Roi d'Angleter-
,,re envers ma frégate *la belle - Poule*; la
,,saisie faite par une escadre angloise, au
,,mépris du droit des gens, de mes fréga-
,,tes la *Licorne* et *la Pallas*, et de mon
,,Lougre *le coureur*, la saisie en mer, et
,,la confiscation des navires appartenans à
,,mes sujets, faites par l'Angleterre, contre

---

x) Code des Prises. T. II. p. 660. 661.

„la foi des traités; le trouble continuel et
„le dommage, que cette puissance apporte
„au commerce maritime de mon royaume,
„et de mes colonies de l'Amérique, soit par
„ses bâtimens de guerre, soit par les cor-
„saires, dont elle autorise et excite les dé-
„prédations; tous ces procédés injurieux,
„et principalement l'insulte faite à mon pa-
„villon, m'ont forcé de mettre un terme
„à la modération que je m'étois proposée,
„et ne me permettent pas de suspendre
„plus long tems les effets de mon ressenti-
„ment; la dignité de ma couronne, et la
„protection que je dois à mes sujets, exi-
„gent que j'use de représailles, que j'agisse
„hostilement contre l'Angleterre, et que mes
„vaisseaux attaquent, et tachent de s'emparer,
„ou de détruire tous les vaisseaux, frégates
„ou autres bâtimens appartenans au Roi
„d'Angleterre, et qu'ils arrêtent et se saisis-
„sent pareillement de tous navires mar-
„chands anglois, dont ils pourront avoir
„occasion de s'emparer.

„Je vous fais donc cette lettre, pour
„vous dire, qu'ayant ordonné en consé-
„quence aux commandans des mes esca-
„dres, et de mes ports, de prescrire aux

„Capitaines des mes vaisseaux, de courre
„sus à ceux du Roi d'Angleterre, ainsi qu'-
„aux navires appartenans à ses sujets, de
„s'en emparer et de les conduire dans les
„ports de mon royaume; mon intention est,
„qu'en représailles des prises faites sur mes
„sujets par les corsaires et armateurs an-
„glois, vous fassiez délivrer des commissi-
„ons en course à ceux de mesdits sujets,
„qui en démanderont, et qui seront dans
„le cas d'en obtenir, en proposant d'armer
„des navires en guerre, avec des forces as-
„sez considérables pour ne pas compromet-
„tre les équipages qui seront employés sur
„ces bâtimens. Je suis assuré de trouver
„dans la justice de ma cause, et dans la
„valeur de mes officiers et des équipages
„de mes vaisseaux, dans l'amour de tous
„mes sujets les ressources que j'ai toujours
„éprouvées de leur part, et je compte prin-
„cipalement sur la protection de Dieu des
„armées. etc.

Proprement on appelle *lettres de représailles* celles que le souverain accorde à ses
sujets pour les autoriser à saisir les navires
et leur chargement qu'ils trouveront appartenir aux sujets d'un autre Prince, pour

36

s'indemniser de ce qu'ils ont pris sur eux, et du dommage et tort qu'ils leur ont causés, et qu'on réfuse de réparer. y)

Ces lettres s'accordent par le souverain en forme de lettres patentes. Leur but est d'autoriser les sujets à s'indemniser, à se dédommager par la prise et la saisie des navires, des effets, des biens appartenans aux sujets d'un autre état, des torts qu'ils ont reçus d'eux, et que l'on réfuse de reparer. Il ne s'agit donc pas, en accordant ces lettres, des injures de l'état et du souverain à venger et à répousser, qu'il endure ou qu'il a reçues. On a le but de procurer aux sujets la satisfaction et la réparation des torts réçus d'un autre état ou de ses sujets, qui leur est refusée, ou qu'il n'y a pas moyen d'obtenir.

C'est le seul souverain qui accorde ces lettres. L'amiral en France accorde et délivre des lettres de marque, des commissions en course; mais il n'est pas autorisé d'accorder des lettres de représailles. Les représailles sont une espèce d'hostilité, sou

---

y) L'ordonnance de la marine de France. L. III. Tit X. VALIN *Comm. Tom. II. p.* 414.

vent le prélude de la guerre. Personne ne
sauroit donc légitimement user de ce droit
et de cette voie, qu'au nom et par l'autorité du souverain.

Selon la règle les lettres de représailles
n'ont pas lieu, si le navires, les effets, les
biens des sujets sont arrêtés, pris, saisis
par les ennemis pendant les hostilités de la
guerre. La guerre autorise les hostilités, les
prises, les saisies. Il ne faut pas en ce cas
recourir aux lettres de représailles pour s'indemniser; on n'a qu'à demander des lettres
de marque, des commissions en course, qui
n'exigent pas autant de formalités que les
premières. Mais en cas que durant la guerre on ait à se plaindre de ce que les hostilités sont commises, les prises et les saisies
sont faites contre les loix de la guerre, ou
au mépris et au préjudice des traités, ou des
conventions particulières, on pourra aussi
durant la guerre recourir à la voie de représailles, et en obtenir des lettres du
souverain. z)

----

z) Valin: *Comm. sur l'ordonn. de la marine.* L. III.
T. X. Art. I. Tom. II. p. 417. On en trouve un exemple dans
le Code des Prises. T. II. p. 65.

38

Celui qui demande des lettres de représailles est obligé pour les obtenir, de
fournir la preuve, que les sujets d'un autre
état ont arrêté, et saisi son vaisseau, qu'ils
lui ont enlevé la cargaison, le chargement,
et les effets qui s'y trouvoient. Cette preuve doit se faire devant le juge du lieu de
la descente. La preuve de la saisie et de
la détention ne suffit pas. Il faut encore
faire l'estimation du dommage et du vaisseau et de son chargement détenus ou enlevés.
Cette estimation doit être faite par des experts nommés d'office par le juge. Il faut
mettre entre leurs mains les charte-parties,
les connoissemens, et les autres pièces justificatives de l'état et de la qualité du navire et de son chargement. a)

Avant d'accorder des lettres de représailles, il est nécessaire de faire des instances par le ministre résidant à la cour du
royaume ou de l'état dont les sujets ont
causé le dommage, pour en obtenir à l'ami-
able la réparation. Les traités de commer-

____

a) L'ordonn. de la marine de France. L. III. Tit. X. Art. I.
Valin Comm. Tom. II. p. 416.
Traité des Prises. Ch. XX. Sect. I. Tom. I. p.
326.

ce prescrivent le tems et la forme de ces représentations, qui doivent précéder les représailles. Si le souverain dont les sujets ont commis le délit et fait l'injure et l'injustice en donne une pleine satisfaction, le fait doit être regardé comme non avenu, et toute vengeance doit cesser. Ce n'est donc que le refus de la satisfaction demandée qui autorise les représailles. b)

Le souverain doit user d'une grande circonspection et modération, et ne se porter à des voies de fait, qu'après avoir tenté inutilement les démarches et les instances amiables. Mais s'il a épuisé les moyens de douceur sans obtenir la réparation et la satisfaction due, il manqueroit à sa gloire et à la protection qu'il doit à ses sujets, s'il vouloit leur refuser des lettres de représailles qu'ils demandent pour s'indemniser.

Les lettres des représailles doivent faire mention de la valeur des effets saisis et retenus, ou enlevés; porter permission d'arrêter et de saisir ceux des sujets de l'état, qui aura refusé de faire restituer les choses

---

b) De Vattel: *droit de gens.* T. I. §. 342. sq. Valin *Traité des prises.* T. I. Ch. XX. Sect. 1. 2. p. 329.

retenues ou enlevées, et régler le tems pendant lequel ces lettres seront valables. Les effets dont l'impétrant demande la restitution et le dédommagement doivent être exprimés dans les lettres, relativement au procès verbal d'estimation qui en a été faite, et cela parceque les lettres n'ont pour objet que de procurer à l'impétrant un juste dédommagement du tort qui lui a été fait. L'impétrant ne sauroit en conséquence toucher du produit des prises et des saisies qu'il fera, que la somme qui lui est due. En vertu de la permission accordée par ces lettres du souverain l'impétrant se trouve autorisé à armer en course contre les sujets de l'état qui a refusé de lui rendre justice, à saisir et à enlever leurs navires et leurs effets, à faire sur eux des prises de mer. *c*)

L'impétrant est tenu de donner caution bonne, suffisante, proportionée à la valeur des effets deprédés. Cette caution est exigée pour repondre des abus et des malversations que l'impétrant pourroit commettre

---

c) L'ord de la marine L. III T. X. Art. III.

VALIN: Tr. *des prises. P. I. Ch. XX. Sect.* 2 *p.* 372.

à l'occasion et à l'abri des lettres de représailles, aussi que des dommages et intérêts auxquels il seroit sujet, si l'exposé de ses lettres ne se trouvoit pas veritable. *d*)

Ces sortes de prises faites par représailles doivent être amenées à un port du royaume, instruites, et jugées en la même forme et manière que celles qui sont faites contre les ennemis de l'état. Elles ne seront déclarées bonnes et valablement faites qu'autant qu'elles auront été faites dans les règles et conformément aux lettres de représailles sur des sujets de l'état qui aura refusé de réparer le tort, à l'occasion duquel elles auront été accordées. Jugées valablement faites par les juges de l'amirauté, ou le conseil des prises, elles seront vendues. Les deniers provenans de la vente de la prise, qui doit toujours être publique, ne peuvent ni doivent être délivrés à l'impétrant que jusqu'à la concurrence de la somme pour laquelle les lettres de représailles auront été accordées. Mais il faut déduire sur le prix de la vente les frais du

---

d) VALIN Tr. *des prises. P. I.* Ch. XX. Sect. III. p. 334. *Comment. sur l'ordonn. de la marine. L. III. T. X. Art. IV. T. II. p.* 421.

déchargement et de la garde du navire et des marchandises, ceux de justice, et tous ceux qu'a faits l'impétrant, c'est à dire, faits pour l'armément du vaisseau qui a fait la prise. *d*)

Ceux qui obtiennent des lettres de représailles sous un faux exposé, doivent subir les peines dictées par les loix. Elles consistent communément en ce que les impétrans qui commettent une telle surprise et prévarication sont condamnés en tous les dommages et intérêts des propriétaires des effets saisis, et à la restitution du quadruple des sommes qu'ils ont reçues. *e*)

Pour mettre ce que j'ai dit dans son jour, je transcrirai une formule des lettres de représailles, comme elle sont usitées en France. *f*)

,,Louis etc. Roi de France etc. Nous ,,avons examiné en notre conseil d'é- ,,tat la requête à nous présentée par les

---

d) V alin : Tr. *des prises.* P. I Ch. XX. Sect 4. *p.* 334. *Comment. sur l'ordonn. de la marine L. III. T. X. Art.* 4. *p.* 421.

e) V alin : Tr. *des prises.* P. I. Sect. V. Ch. XX p. 422. *Comm. sur l'ord. de la mar.* L. III. T. X. Art. VIII. T II p. 423.

f) Code des prises. T. II. p. 657.

„Sieurs N. N. propriétaires et armateurs des
„navires N. N. tous pourvus d'expédi-
„tions en régle, et naviguant sous pavillon
„françois, qui ont été enlévés depuis un
„an par les vaisseaux de guerre et corsai-
„res anglois, sous prétexte qu'ils portoient
„des secours au continent anglo - améri-
„cain, quoique la plûpart fussent encore
„dans les mers d'Europe, et n'eussent d'au-
„tres munitions de guerre que celles
„d'usage en tems de paix ; tendant ladite
„requête, pour les causes y contenues, à
„ce qu'il nous plaise leur accorder nos let-
„tres de représailles sur les biens des
„sujets du Roi d'Angleterre, jusqu'à la
„concurrence de la valeur desdits onze
„navires pris, et de leurs chargemens, sauf
„les dommages, intérêts et frais d'exécution,
„après avoir fait verifier le contenu en la-
„dite requête, et attendu que la communi-
„cation interrompue entre les deux cours
„par le rappel de l'ambassadeur du Roi
„d'Angleterre, nous ôte les moyens de con-
„tinuer par notre ambassadeur, que de no-
„tre côté nous avons été obligé de rappe-
„ler, les requisitions et instances amicales
„pour obtenir de Sa Maj. Britannique la re-

„stitution desdits navires et chargemens,
„et la réparation des dommages causés aux-
„dits armateurs : à ces causes et autres à ce
„nous mouvant, de l'avis de notre conseil,
„et de notre certaine science, pleine puis-
„sance et autorité royale, nous avons auto-
„risé et autorisons par ces présentes signées
„de notre main, lesdits Sieurs N. N. à
„faire saisir et arrêter tous et chacun les
„marchandises, effets, et biens qu'ils trou-
„veront en mer ou sur terre appartenir
„aux sujets du Roi d'Angleterre, jus-
„qu'a concurrence de la valeur desdits on-
„ze navires pris et chargemens, dommages,
„interêts, et frais d'exécution. Et en consé-
„quence avons permis et permettons aux-
„dits Exposans d'armer des navires et de
„les employer pour recouvrer en mer sur
„lesdits sujets les pertes ci - dessus. Et en-
„fin qu'il ne se commette aucun abus, se-
„ront lesdits Exposans tenus de faire ame-
„ner les prises qu'ils feront dans un port
„de notre royaume, où les procédures pre-
„scrites par l'ordonnance de 1681 sur le
„fait des prises seront faites et ensuite en-
„voyées au secrétaire d'état ayant le dépar-
„tement de la marine, pour être statué

„sur icelles par jugement des commissaires
„de notre conseil, qui seront par nous
„nommés pour cet effet; en exécution du-
„quel jugement lesdites prises seront ven-
„dues au plus offrant et dernier enchéris-
„seur, par-devant les juges de l'amirauté,
„en présence de notre procureur, et le
„prix déposé entre les mains d'un négoci
„ant solvable jusqu'à la liquidation tant de
„la valeur des bâtimens enlevés aux Expo-
„sans et des marchandises et effets de leurs
„chargemens, que des dommages, intérêts
„et frais d'exécution, laquelle sera faite par
„les mêmes commissaires de notre conseil
„— — — Voulons et mandons que du con-
„tenu en icelles vous fassiez jouir paisible-
„ment les impétrans. etc.

CHAPITRE SEPTIÈME
de ce qui est réglé et stipulé dans les traités de

commerce et de navigation, relativement

aux lettres de représailles.

Les représailles sont toujours une voie de
fait, une extrémité à laquelle une nation

ne doit se porter qu'après avoir inutilement demandé justice, et qu'après avoir tenté toutes sortes de moyens pour obtenir satisfaction et l'indemnité due à la partie lésée. Elles ne manquent pas ordinairement de causer d'éclat, d'entrainer après elles une rupture entière et ouverte, d'amener la guerre. C'est pour obvier à toute précipitation, pour écarter des procédés arbitraires, pour mettre de la régularité dans cette façon de se faire soi - même justice, que les nations policées conviennent dans les traités d'amitié, de commerce et de navigation de certaines formalités qu'elles s'engagent d'observer avant que d'en venir à cette extrémité. *g*)

On s'engage et promet réciproquement de n'accorder des lettres de représailles qu'en cas de déni de justice, de ne tenir ce déni pour constaté, si la requête de celui qui demande des représailles, n'est communiquée au ministre qui se trouvera sur les lieux de la part du souverain contre les sujets duquel elle doivent être accordées,

---

g) Théorie des traités de commerce entre les nations. *par* Mr. BOUCHAUD T. I. Ch. XIV. Sect IV. p. 471.

afin qu'il puisse se justifier , ou donner une
juste satisfaction dans l'espace d'un tel ou
tel tems. *h*)

Je n'en apporterai que des exemples récens. Le

Traité de commerce , de navigation et de
marine conclu entre le Roi de France et les Etats - généraux des Provinces
unies des Pays - bas , le 21 Dec. 1739.
contient dans l'article 33 la stipulation suivante : *i*)

,,Il ne pourra non plus être ci - après
,,donné par l'un desdits alliez des lettres
,,de représailles au préjudice des sujets de
,,l'autre , si ce n'est seulement en cas de
,,manifeste déni de justice, lequel ne pour-
,,ra pas être tenu pour vérifié , si la requê-
,,te de celui qui demande ledites représail-
,,les , n'est communiquée au ministre qui
,,se trouvera sur les lieux de la part de l'é-
,,tat contre les sujets duquel elles seront de-

---

h) Droit public de l'Europe fondé sur les traités : *par Mr.
l'Abbé* MABLY T. II. Ch. X. CORN. DE BYNCKERS-
HOECK : *Quaest. Jur. publici*, Cap. XXIV. L. I Op.
omn. Tom. V. 1759.

i) Recueil de Traités *par* MR. ROUSSET T. XIV. p. 400:
WENCK: *Cod. Jur gent. recent.* T. I. p. 430.

48

„mandées, afin que dans le terme de qua-
„tre mois, ou plutôt s'il se peut, il puisse
„s'informer du contraire, ou procurer l'ac-
„complissement de justice qui sera due.

On trouve la même stipulation dans
l'article III du

Traité de commerce et de navigation
conclu entre le Roi de la Grande - Bretagne et le de Roi France le 26 Sept.
1786. *k)*

„Et ne seront données, à l'avenir
„par l'une desdites hautes parties con-
„tractantes, au préjudice et au domma-
„ge des sujets de l'autre, aucunes lettres
„de représailles, si ce n'est seulement au
„cas de refus ou de délai de justice, lequel
„refus ou délai de justice ne sera pas tenu
„pour verifié, si la requête de celui qui
„demande lesdites lettres de représailles,
„n'est communiquée au ministre qui se
„trouvera sur les lieux de la part du souverain,

---

k) Essai sur les Consuls *par Mr. de* STECK. p. 429.
Recueil de traités par *Mr. de* MARTENS. T. II. p.
682
A Collection of Treaties between Great - Britain and
other powers *by* GEORGE CHALMERS. Vol. I. p.
520.

„verain, contre les sujets duquel elle doi-
„vent être données, afin que dans le terme
„de quatre mois, ou plutôt, s'il se peut,
„il puisse faire connoitre le contraire, ou
„procurer la juste satisfaction qui sera due.

Les stipulations des autres traités rela-
tives aux lettres de représailles sont les mêmes et s'accordent parfaitement avec celles
que je viens de rapporter. Il suffira d'en
alleguer

le traité de commerce et de navigation
entre le Danemarc et la France conclu le
23 Août 1742. Art. 44. *l*)

le traité de commerce et de navigation
conclu entre le Roi des deux Siciles
et les Etats généraux des provinces unies
des Pays-bas le 27 Août 1793. Art. 36. *m*)

CHAPITRE HUITIÈME
de la Rançon des prises.

Une prise embarrasse quelquefois de mani
ère, qu'il y auroit de l'imprudence à s'en

---

l) WENCK: *Cod. Jur. gent. recentiss.* T. I. pag. 636.
m) WENCK: *Cod. Jur. gent.* T. II. p. 771.

50

charger avec les prisonniers pour la conduire ou l'envoyer en lieu de sûreté. Il est
aussi des cas où il convient mieux de relâ-
cher la prise moyennant composition, pour
ne pas interrompre la course. Lorsque la
prise est si délabrée par le combat, ou par
les coups de mer qu'elle a essuyés, qu'elle
fait assez d'eau pour faire craindre qu'elle
ne coule pas; ou lorsque le navire pris mar-
che si mal, étant mechant voilier, qu'il **ex**-
pose l'armateur corsaire à la reprise; ou
lorsque le corsaire ayant apperçu des vaisseaux de guerre ennemis, se trouve obligé
de prendre la fuite, et que la prise la re-
tarde trop, ou qu'il se trouve hors d'état
de la conserver; ou lorsque la prise étant
de peu de valeur ne merite pas d'être amenée, convoyée, et envoyée dans un lieu de
sûreté, lorsque pour la convoyer il falloit
affoiblir l'équipage: dans tous ces cas il
est permis au preneur ou d'enlever les marchandises en tout ou en partie en relâchant
le navire, ou de le rançonner avec sa cargaison par composition avec le capitaine et
l'équipage. *n*)

Au fond il ne paroit pas d'abord être

---

n) Traité des prises *par Mr.* V A L I N. T. I. Ch. XI. p. 152.

de l'intérêt de l'état et de la nation, ni avantageux aux intéressés dans l'armement, de permettre aux capitaines et aux armateurs de traiter et de composer de la prise avec l'ennemi. L'état est privé par cette composition des prisonniers relâchés qu'il pouvoit échanger contre ceux que-l'ennemi a faits sur sa marine. Les interressés dans l'armement et la nation perdent ensemble le prix de la prise, la rançon étant toujours bien inférieure à la valeur du vaisseau pris et de sa cargaison. Le vrai but de la course, qui est d'affoiblir les forces de l'état ennemi, de detruire sa marine, de ruiner son commerce, de le priver des bâtimens, de lui enlever les équipages des navires, seroit entièrement éludé par ces accords et ces compositions de rançonnement.

Ces considérations ont déterminé les nations les plus éclairées sur leurs veritables intérêts et assez puissantes sur mer, à défendre toute rançon des prises, ou à restreindre au moins la liberté des armateurs et des capitaines d'en traiter et d'entrer en composition. *o*)

---

o) Traité des prises *par Mr.* Valin. T. I. Ch. XI. Sect. I. p. 136. Code des prises. T. I. p. 131.

L'ordonnance de la marine de France de 1681. L. III. Tit. IX. Art. 19 autorise ces compositions, enjoignant seulement aux capitaines des navires armés en course, de se saisir des papiers et d'amener au moins les deux principaux officiers du vaisseau pris *p*)

La déclaration du Roi du 15 Mai 1756. Art. XIV. *q*) n'admet aucun navire ennemi à rançon, si le preneur n'ait avant la prise envoyé dans les ports du royaume trois prises effectives. Après beaucoup de variations dans la legislation françoise sur ce sujet, les rançonnemens des prises ont été enfin entièrement prohibés et interdits par l'ordonnance du Roi du 30 Août 1782. *r*)

En Angleterre les rançons des prises ont été toujours défendues, p. e. par un Bill du 1 Juin 1782. et par des loix beaucoup antérieures. *s*) Les instructions royales

---

p) Nouveau commentaire sur l'ordonnance de la marine par *Mr.* Valin. T II. p. 281. sq.

q) Code des prises Tom. I p. 482.

r) Code des prises T. II. p. 1076.

s) Code des prises. T. I. p. 131.

qu'on y donne aux armateurs avec les lettres de marque, interdisent sevérement
toutes sortes de compositions et de rançonnemens. *t)*

Les nations qui n'ont point de forces
maritimes, et qui n'autorisent la course que
par représailles n'ont pas le même motif de
défendre à leurs armateurs de rançonner les
navires pris et leurs chargemens, quand ils
en sont embarrassés. Si les loix permettent
la rançon des prises, elles doivent obvier
par de sages dispositions aux abus, aux
malversations, aux tromperies qui se commettent aisément, si le rançonnement n'est
pas assujetti à des régles. *u)*

Le capitáine corsaire doit se régler
ponctuellement sur les ordres prohibitifs ou
limitatifs qu'il a reçus de ceux qui ont ar-
mé le navire en course, et qui l'ont pré-
posé, à moins que l'urgence des circonstances ne l'ait necessité à s'en écarter. Il ne

---

t) Instructions to capitains of privateers. 1778. Art. IX.
V. Hennings *Sammlung von Staatsschriften des See-
krieges* 1776 - 1783. T. II. p. 48. *England p.* 69.

u) Traité des prises *par Mr.* Valin T. II. Ch. XI. §. I.
p 140 141. sq.

se déterminera pas de sa seule autorité, et sans consulter l'équipage à entrer en composition sur la prise. Il ne fera rien du moins sans l'avis et l'aveu de deux de ses principaux officiers. La rançon doit être proportionnée à la valeur de la prise, du vaisseau et du chargement pris, et ni ne l'égaler, ni l'excéder, parceque la crainte d'être fait prisonnier pourroit extorquer une somme disproportionnée et exorbitante.

La composition étant arrêtée du consentement de l'équipage de part et d'autre, on en passe un écrit double qu'on appelle Billet de rançon. Ce billet de rançon suffit pour prouver la légitimité de la prise, et rend inutile la saisie des papiers. Pour la sûreté de la rançon le preneur emmene deux otages. Aujourdhui on se contente d'un seul. w) Les otages doivent être retirés sans délai, et pour les dégager il faut payer la rançon et la dépense.

------

w) Traité des prises *par Mr.* VALIN. T. I. Ch. XI. Sect. II. p. 146. sq. Sect. III. p. 155.

CHAPITRE NEUVIEME

de l'interdiction de commerce.

La déclaration de guerre suspend et interrompt tout le commerce entre les nations, qui sont censées s'être déclaré la guerre elles-mêmes par leurs représentans· Les deux nations sont ennemies, et tous les sujets de l'une sont ennemis de tous les sujets de l'autre. Tout commerce semble donc devoir entiérement cesser entre elles. L'ennemi se trouve par l'interruption de son commerce privé de ses ressources; ses forces s'affoiblissent, sa marine dépérit, faute d'aliment. On achève de la détruire en couvrant la mer de corsaires et de vaisseaux armés en course pour intercepter, prendre et saisir tous les navires marchands avec leur chargement.

C'est en ces vues et par ces principes que les nations qui se déclarent la guerre, s'interdisent le commerce reciproque. Leurs déclarations de guerre contiennent communément cette interdiction. J'en apporterai quelques exemples. On lit dans la déclara-

tion de guerre du Roi de France contre le
Roi de la Grande Bretagne du 15 Mars
1744. x) les dispositions suivantes:

„Ordonne et enjoint Sa Majesté à tous
„ses sujets, vassaux, et serviteurs de cour-
„re sus à tous les sujets du Roi d'Angle-
„terre, Electeur d'Hanovre; leur fait
„très expresses inhibitions et défenses d'a
„voir ci - après avec eux aucune communi-
„cation, commerce, ni intelligence à peine
„de la vie.

La déclaration du Roi d'Espagne contre le Roi d'Angleterre de 1779 contient
l'interdiction de commerce en termes sui-
vans: y)

„Il est défendu dès ce moment à tous
„mes sujets d'entretenir aucune espéce de
„trafic avec ceux du Roi d'Angleterre, de
„se charger des productions de leur pays,
„ou de leur pêche, ou de leurs fabriques,
„ou d'aucune autre espéce de leurs mar-

---

x) Recueil de traités etc. *par Mr.* Rousset. T. XVIII.
p. 319.

y) Henning: *Staatsschriften des Seekrieges v.* 1778. sq
I. Buch. p. 46

„chandises. L'entrée en sera prohibée de
„quelque manière, et sous quelque prétex-
„te que ce soit, même par des vaisseaux
„étrangers etc. etc.

On regarde en Europe cette interdiction de commerce comme une suite neces-
saire et naturelle de la rupture entre deux
nations, et de la déclaratian de guerre. z)

L'empire d'Allemagne en arrêtant la
guerre laisse à l'Empereur le soin de la déclarer, et d'interdire le commerce. a) Mais
quelque sévère que soit cette défense du
commerce durant la guerre de l'empire,
elle se tempère souvent et se mitige par la
connivence de la cour impériale s'adoucis-
sant par plusieurs modifications. b) Au lieu

---

y) Moser: *Versuch des neuesten Europäischen Völker-
rechts. IX. Th. 1. B. 18 B. 2. Cap.* §. 19. de Martens
Principes du droit des gens Europ. §. 250.

a) Décl. de guerre contre la Fr. du 6 Octbr. 1702. dans
Pachner d'Eggenstorf *Sammlung der Reichsschlüs-
se.* T. III. p. 43. 44 Decl de guerre contre la France
du 13 Mars. 1734, *dans la même collection* T. IV, p.
458. 445.

b) *Kaiserliche Commerzienordnung v. 8 Jun. 1705. Corp.
recess. Imp.* T. IV. p. 207. sq. Moser: T. von
Reichstagsgeschaeften. VIII. B. 2. Cap. §. 14. sq. p.
777. sq.

de tenir rigoureusement la main à cette interdiction on la restreint communément à la contrebande de guerre.

L'avis dernier et récent de l'empire par lequel la guerre est résolue et arrêtée contre la nation françoise, garantit et assure la liberté de la navigation et du commerce, en exceptant les marchandises prohibées par l'édit impérial. Cet édit défend expressément d'apporter aux François du blé, des grains, du bois de construction, des chevaux.

Le Roi de Prusse et les Etats unis de l'Amérique septentrionale furent les premiers qui aient stipulé par un traité, qu'en cas de guerre entre les deux nations, et que malgré la rupture le commerce et la navigation continueront sans interruption, et sans être troublés par des vaisseaux armés en course. Ils s'engagent à n'accorder aucune commission, aucunes lettres de marque et de représailles. Ils pouvoient d'autant plus aisément donner cet exemple d'humanité inouie jusques là, que le cas de la stipulation ne sauroit exister facilement, une guerre entre la

Prusse et les Etats unis de l'Amérique ne pouvant survenir que dans l'imagination. c)

Il seroit cependant à désirer que les puissances d'Europe voulussent suivre cet exemple si digne d'être imité. Convaincues comme elles le sont, que le commerce est la source de leur grandeur et de leur prosperité, elles devroient, à ce qui me semble, songer serieusement à en prévenir les interruptions fréquentes causées par les guerres qui surviennent si souvent entre elles. d)

En interdisant le commerce avec la nation ennemie, en interceptant sa navigation, en prohibant l'importation de ses denrées et des productions de ses manufactures, on obstrue et tarit les sources de ses forces, de ses richesses, on lui ôte ses ressources, on resserre sa subsistance, on ralentit son industrie, on ruine son commerce, on détruit sa marine. Mais en voulant

---

c) Traité d'amitié et de commerce entre le Roi de Prusse et les Etats unis de l'Amérique, *conclu le* 10 Sept. 1785 Art. 23. T. II. du Recueil de traités *pr.* Mr. DE MARTENS. p. 577.

d) Droit publ. de l'Europe fondé sur le traités. Ch. XI. T. VI. *des oeuvres* de Mr. L'ABBÉ MABLY p. 355 sq.

nuire à l'ennemi par linterdiction du commerce on se fait à soi-même un préjudice égal á celui qu'on veut faire à l'ennemi. Dans la situation actuelle de l'Europe il n'y a point d'état, qui par ses interdictions ne se trouve subitement privé de quelque branche de son commerce, et ne se ressente de ce défaut de circulation qui en est la suite. Les marchands se trouvent surchargés d'une grande quantité de marchandises. Celles-l'a dépérissent dans leurs magazins; les fonds ne rentrent point; les manufactures languissent; les ouvriers deviennent à charge par leur désoeuvrement et leur indigence; les productions de la terre se perdent faute de consommation et par l'obstruction du débouché; les denrées étrangères que l'habitude a rendues nécessaires augmentent de prix; les marchandises dont l'usage est indispensable entrent en contrebande et en fraude malgré toutes les défenses; l'état se trouve frustré de ses douanes; ses revenus diminuent, ou se perçoivent plus difficilement, dans un tems où il est obligé de faire des dépenses extraordinaires.

Les maux et les torts qui resultent de l'interdiction du commerce sont donc reciproques et se ressentent également de l'une et de l'autre part. Si l'on ajoute encore les pirâteries qui s'exercent sur les navires marchands, dèsque deux puissances cessent d'être en paix, la desolation devient générale, les pertes deviennent immenses, le commerce dépérit entiérement, et tous les ordres de citoyens en éprouvent par contrecoup les suites funestes. Qu'on cesse donc de multiplier sans nécessité les calamités et les maux de la guerre, qu'on proscrive l'interdiction du commerce et l'abus cruel des pirateries, qu'on assure pendant la guerre au commerce et à la navigation des deux nations qui vident leurs differends par les armes la liberté et la protection qu'elles s'accordent dans l'état de paix. S'il est dangéreux de recevoir chez soi en tems de guerre les sujets de son ennemi, on peut restreindre leur liberté, on peut convenir d'un ou de deux places maritimes, ou de quelques villes que les négocians des nations en guerre pourroient fréquenter avec liberté.

CHAPITRE DIXIÉME

de l'assurance des vaisseaux et des effets ennemis.

Le souverain engagé dans une guerre n'accorde des lettres de marque et de commission en course, et ne fait croiser ses escadres sur mer que dans la vue d'intercepter la navigation de l'ennemi, de s'emparer de ses navires marchands et de leur cargaison, de détruire sa marine, de ruiner son commerce, d'affoiblir ses forces de mer, et de lui ôter ses ressources. S'il vouloit permettre à ses sujets d'assurer les vaisseaux ennemis et leurs chargemens, l'état seroit frustré des avantages de ses armemens en guerre et en course, la marine ennemie seroit mise par ces assurances à couvert des perils et des risques, et les sujets de ce souverain seroient obligés d'indemniser la nation ennemie des prises faites sur elle; le but des armemens seroit manqué et traversé. Ce que l'état gagneroit par les prises seroit perdu par l'indemnité à laquelle les assureurs s'étoient engagés. L'interdiction de commerce emporte la défense de l'assurance que les sujets de l'état pourroient faire sur les navires et les effets des ennemis. Les loix maritimes de l'Europe portent des prohibitions expresses des telles assurances, declarant nul le contrat et confisquant la prime. *d*)

L'ordonnance de Prusse défend expressément d'assurer les navires et les effets appartenans à l'ennemi déclaré de l'état sous peine de nullité du contrat et de la confiscation de la prime reçue. *e*)

L'ordonnance d'assurance du Royaume de Suede Art III. § 6. contient une pareille défense des assurances faites sur les vaisseaux et les chargemens ennemis, sans distinguer les marchandises prohibées d'avec les permises. La guerre rend tout le commerce illicite avec l'ennemi, sans une stipulation expresse des deux nations qui y sont engagées de le laisser continuer durant les hostilités. Ainsi l'assurance des vaisseaux

---

d) Traité des assurances *par Mr.* EMÉRIGON. T. I. Ch. IV. Sect. IX. p. 128. VAN BYNCKERSHOECK Quaest. iuris publ L. I. C. XXI. p. 151. *T. V. op. omn.*

e) *Koeniglich Preuss. Assecuranz- und Havereyordnung.* 1766. *Abschn. IV* §. 38. Corp. nov Const. Bor. Br. T. IV. *Allgem. Gefezbuch für die Preus. Staaten* 2 Th. T. 8. §. 1959. sq. Ce Code restreignant la défense aux marchandises de contrebande de guerre ne parle que de l'assurance sur les effets neutres.

et des effets ennemis doit être censée illicite, quoiqu'il n'existe aucune défense ni
intrediction expresse, et que le chargement
ne comprenne que des marchandises permises, qui ne sont pas de contrebande.   La
Loi de Suéde a donc raison de rejetter
cette distinction, qui ne quadre point avec
l'assurance des effets ennemis, ne conve-
nant qu'à celle des effets neutres. *f)*

Une autre question, c'est à dire

,,si une nation qui est en guerre doit dé-
,,fendre chez elle les assurances sur les
,,vaisseaux ennemis,

merite d'être discutée mûrement et exami-
née avec plus d'attention et d'exactitude que
l'on ne donne communément à la resolu
tion des problêmes politiques de ce genre.

Il ne s'agit du droit de prohiber et
d'empêcher ces assurances.   Personne ne
sauroit le revoquer en doute.   Il n'est plus
question de ce, si l'interdiction de commer
ce emporte la prohibition et la défense des
assurances à faire sur les navires et les effets appartenans à la nation ennemie; on

ne

---

f) *Schwedische Assecuransordnung v. 2 Oct. 1750. Art.*
III. §. 6. Versuch über Assecuranzen. p. 828.

ne sauroit disconvenir, que ces assurances ne mettent la navigation et le commerce de l'ennemi à l'abri des perils et des dangers innombrables qui les menaçoient sans ce secours, qu'elles diminuent et partagent ses pertes, qu'elles detournent, ou arrètent l'interruption de son commerce, et la destruction de sa marine.

On n'ignore, ni ne nie aucunement, que malgré les défenses les négocians ne laissent pas d'assurer clandestinement sans réserve pendant la guerre les navires ennemis et leurs chargemens. Les primes haussées pendant la guerre à mesure des risques et des perils éblouissent et agacent leur avidité au point de leur cacher les dangers, et de leur faire oublier tous les intérêts de l'état. g) Ce commerce d'assurances se fait durant la guerre entre les deux nations ennemies sous le nom des commissionnaires et pour compte de qui il appartient, ou par des correspondances, en mettant dans les polices de ces sortes d'assurances, qu'elles sont pour compte d'ami, tel qu'il puisse

---

f) Traité des assurances *par Mr.* EMÉRIGON. T. I. Ch. IV. Sect. IX. p. 128. sq.

être, sans nommer personne. *h*) Toute la question se reduit donc à calculer, a savoir, à décider

si la nation en guerre gagne plus à permettre et à faire ces sortes d'assurances, qu'à les prohiber.

Une nation qui a des forces supérieures de mer, qui couvre les mers de ses vaisseaux armés en course, qui fait beaucoup de prises, profite manifestement davantage en défendant ces assurances qu'en les tolérant, parce qu'elles font toujours sortir du pays une partie du produit des prises, et qu'elles diminuent beaucoup le fruit de ses armemens. A quelque prix que montent les primes d'assurance pendant la guerre, elles n'atteindront, ni n'égaleront guères le total du produit des prises faites sur l'ennemi.

Mais une nation que l'infériorité de forces maritimes met hors d'état et de cas de faire la course avec succès, de multiplier ses prises sur son ennemi, ne manquera pas de gagner en assurant ses vaisseaux et ses effets. Elle jouira des primes

---

h) Diction. du citoyen ou abregé théor. et prat. du commerce. T. I. p. 54

haussées sans courir grand risque, sans s'engager à des indemnités fréquentes ou importantes. Sa foiblesse et son infériorité de forces ne lui permettent pas de concevoir et de former le dessein et le plan de détruire la marine de son ennemi supérieur, de ruiner sa navigation et son commerce, de s'emparer de ses colonies et d'en faire la conquête. Ces motifs puissans et prépondérans déterminent l'Angleterre à preférer le profit des prises au gain des hautes primes et à prohiber les assurances sur les vaisseaux et les effets ennemis. *i*) Sans des forces pareilles on ne sauroit imiter cette politique.

CHAPITRE ONZIÈME

de la caution que les Armateurs sont tenus de donner.

Il est essentiellement nécessaire que les armateurs donnent une sûreté au public pour

---

i) Elémens du commerce *par Mr.* DE FORTBONNAIS. P. II Ch. VII. p. 72. Les intérêts des nations devéloppés relativement au commerce. T. II. p. 40.

la réparation des abus, des malversations, des déprédations, des contraventions aux traités, qui ne se commettent que trop ordinairement de leur part ou par leurs gens. Les loix maritimes des nations de l'Europe les assujettissent par conséquent à donner sans exception caution bonne et suffisante portant soumission de payer les dommages, les intérêts, les amendes résultans des abus de la course. k)

L'ordonnance de la marine de France leur impose l'obligation de donner caution de la somme de quinze mille livres. l) En Angleterre on exige de chaque armateur une caution de 1500 ou 3000 livres sterling selon la grandeur du vaisseau et le nombre de son équipage. m)

Les nations de l'Europe, pour prévenir les contraventions et les infractions aux traités de commerce da la part des ar-

---

k) Traité des prises *par Mr.* VALIN. T. I. Ch. III. Sect. I. §. 18. sq. p. 25. sq.

l) Lib. III. Tit. IX. Art 2. Nouveau comm. sur l'ord. de la marine *por Mr.* VALIN. T. II. p. 221. sq.

m) Instructions to Capitains of privateers Art. XV. HENNING: *Staatsschriften des See-krieges v.* 1776 - 1783. T. I. p. 49.

mateurs, prennent ordinairement la précaution d'y insérer une clause et stipulation expresse par laquelle les parties contractantes s'engagent à ne délivrer aux armateurs leurs patentes ou commissions qu'après avoir reçu de leur part caution bonne et suffisante.

L'article XXXI

du Traité de commerce conclu entre la France et l'Angleterre le 26 Sept. 1786. *n*) porte la disposition suivante:

„Et pour cette cause chaque capitaine
„des vaisseaux armés en guerre par des
„particuliers sera tenu et obligé à l'ave
„nir, avant que de recevoir ses patentes
„ou ses commissions spéciales, de donner,
„par devant un juge compétant, caution
„bonne et suffisante des personnes solvables,
„qui n'aient aucun intérêt dans ledit vais
„seau, et qui s'obligent chacune solidaire
„ment pour la somme de quinze cent livres
„sterling, et si le vaisseau est monté de plus
„de cent cinquante matelots ou soldats,
„pour la somme de trois mille livres ster-

---

n) A collection of Treaties between great - Britain and other Powers, *by* GEORGE CHALMERS. Vol. I p. 536. Recueil de Traités *par Mr.* DE MARTENS. T. II. p. 699.

„ling, pour répondre solidairemen de tous
„les dommages et torts que lui, ses ofi-
„ciers, ou autres étant à son service,
„pourroient faire en leur course, contre la
„teneur du présent traité. etc.

On trouve la même stipulation dans
l'article XXVI.

du Traité de commerce et de navigation
conclu entre la France et les Etats-généraux des provinces unies des Pays-bas
le 21 Dec. 1739. *o)*

„Et pour cet effet à l'avenir seront
„les capitaines et armateurs obligés de don-
„ner, avant leur départ, caution bonne et
„solvable par devant les juges compétans,
„de la somme de quinze mille livres Tour-
„nois, pour répondre chacun d'eux soli-
„dairement des malversations qu'ils pour-
„roient commettre dans leurs courses, et
„des contraventions de leurs officiers au
„présent traité, et aux ordonnances et édits
„de sa Majesté. etc.

Pour ne pas ralentir trop l'ardeur pour
les armemens en course, il faut modérer
la somme pour laquelle l'armateur est obli-

---

o) Recueil de Traités *par Mr.* Rousset. T. XIV. p.
462.

gé de donner caution, avant de recevoir sa commission, et la liberté de partir.

Mais quelle que soit la somme de la caution donnée par l'armateur, il répondra toujours indéfiniment de tous les dommages et intérêts résultans des délits et des malversations de son corsaire et de ses gens, et des prises irrégulières qu'ils ont faites. Son obligation ne se bornant pas à la somme de la caution, il ne saura s'en acquitter ou s'en affranchir en payant la somme du cautionnement ou en déclarant de vouloir outre cela abandonner son navire. Mais la caution ne répond, ni n'est obligée que pour la somme à laquelle elle s'est engagée. *p*)

CHAPITRE DOUZIÈME

de la Recousse ou Reprise.

Quiconque fait la guerre dans les formes et avec l'autorité publique devient maître de ce qu'il prend sur l'ennemi.

---

p) Traité des prises *par Mr.* VALIN T. II. Ch. III. Sect. I. §. 25. sq. p. 26.

Is qui ex justa causa bellum gerit, et quivis in bello sollemni et pio sine fine et modo dominus fit eorum, quae hosti eripit. *q*)

Mais la chose prise sur l'ennemi n'appartient pas au capteur sur le champ et dans l'instant qu'il s'en est emparé. Pour en acquérir la propriété il faut qu'il y ait un intervalle de tems, et que la chose enlevée soit portée en lieu de sûreté. *r*) Sans cela elle ne sauroit être censée se trouver au pouvoir du preneur, ni être à convert de la poursuite de l'ennemi. L'incertitude où l'on reste sur ce si la chose emportée à été conduite après la prise par le capteur en lieu de sûreté, a déterminé les nations à adopter le principe, qu'une chose prise par l'ennemi doit être présumée être conduite en lieu de sûreté et mise hors d'insulte et de poursuite, si le capteur l'a gardée en son pouvoir pendant vingt-quatre heures. Après cet intervalle elle est censée lui appartenir.

---

q) Hugues de Groot: *Jur. belli ac pacis.* L. III. C. VI. § 2. Elem. du droit des gens *par Mr.* Vattel. T. II. L. III. Ch. 13. §. 95. seq.

r) Vattel. c. l. §. 170.

Il arrive souvent, qu'un compatriote reprend des mains de l'ennemi la chose enlevée à son concitoyen. Selon le droit naturel il ne sauroit se l'approprier. La justice exige qu'il la restitue au propiétaire qui en a été dépouillé. Mais l'usage des nations et les loix modernes en décident autrement. L'ennemi revêtu d'autorité publique étant devenu propriétaire de la chose qu'il a prise, ceux qui la lui reprennent en deviennent propriétaires à leur tour. Ils peuvent donc, sans blesser l'équité naturelle, la garder et en priver l'ancien maître, leur compatriote.

L'ordonnance de la marine de France porte et contient la disposition:

„Si aucun navire de nos sujets est repris „sur nos ennemis, après qu'il aura de-„meuré entre leurs mains pendant vingt „quatre heures, la prise en sera bonne, „et si elle est faite avant les vingt-qua-„tre heures, le vaisseau repris sera re-„stitué au propiétaire avec tout ce qui „étoit dedans à la réserve du tiers qui „sera donné au navire qui aura fait la „recousse." *s*)

---

s) L'ord. de la marine L. III. T. IX. Art. VIII. Nouv. comment. *par Mr.* VALIN T. II. p. 505. sq.

Cette disposition s'applique aussi à la recousse et aux reprises faites par les vaisseaux, frégates et autres bâtimens du Roi. Le tiers doit être adjugé à Sa Majesté pour droit de recousse, si elle a été faite dans les vingt-quatre heures, et après ledit délai la reprise sera adjugée en totalité à Se Majesté sans que les États-majors desdits vaisseaux et frégates puissent rien y prétendre. Mais le Roi se réserve d'accorder aux équipages une gratification proportionnée à la valeur du bâtiment et de sa cargaison d'après les connoissemens, et factures, comme aussi de donner aux États-majors des vaisseaux qui auront fait les reprises, et qui auront eu soin de se distinguer par des actions de valeur telles graces et recompenses que Sa Majesté avisera bon être suivant les circonstances. /)

Depuis cette ordonnance le Roi très chrétien faisoit toujours remise des reprises qui lui ont été adjugées par le conseil des prises aux propriétaires, qui ne payoient aux équipages repreneurs qu'une gratifica-

---

1) Decl. ou ordonn. du Roi de France du 15 Juin 1770. dans *le Code de Prises T. II. p. 723.*

tion fixée ordinairement en raison du dixième de la valeur du tiers de la reprise ou
recousse, si elle avoit été faite avant les
vingt-quatre heures, et du dixième de la
valeur de la totalité de la reprise ou recousse, si elle avoit été faite après les vingt-quatre heures. *u*)

C'est sur les mêmes principes que les
autres nations de l'Europe jugent et statuent
des reprises et des recousses en les adju-
geant selon la durée de la détention, ou
au repreneur, ou au propriétaire.

Si la recousse ou la reprise est faite
par un allié ou auxiliaire, elle est censée
faite par un vaisseau ou un repreneur national. Ceux qui se joignent à nous, pour
faire la guerre contre un ennemi commun,
ne font avec nous qu'un même parti, la cause est commune; le droit est le même: ils ne
sont considérés que comme faissant un avec
nous. Lors donc que les personnes ou les
choses prises par l'ennemi sont reprises par
nos alliés, nos auxiliaires, ou qu'elles retom-

---

u) Code des prises. T. II. p. 724. Traité des assurances *par Mr.* EMÉRIGON. T. I. Chap. XII. Sect. 23.
p. 437. Traité des prises *par Mr.* VALIN T. I. Ch. VI.
Sect. I. p. 85.

bent de quelque autre manière entre leurs mains, c'est précisement la même chose quant à l'effet du droit, que si elles se re trouvoient immédiatement en notre puissance, la puissance de nos alliés et la notre n'étant qu'une dans cette cause.

Les alliés et confédérés pour s'assurer de l'observation et de l'exécution de ces principes prennent souvent des engagemens formels relativement aux reprises. La France et les États-généraux des provinces unies des Pays-bas conclurent

le 1. Mai 1781. une convention concer nant les reprises. w)

J'en apposerai les principaux articles.

Art. 1. „Les bâtimens de l'une des „deux nations Françoise et Hollandoise re- „pris par les armateurs de l'autre, seront „rendus au premier propriétaire, s'ils n'ont „pas été en la puissance de l'ennemi du- „rant l'espace de vingt-quatre heures, à „la charge par ledit propriétaire de payer „le tiers de la valeur du bâtiment repris, „ainsi que de sa cargaison, canon, et ap-

---

w) Recueil de traités *par Mr.* DE MARTENS T. II. p 127. Code des prises Tom. II. p. 943.

„paraux, lequel tiers sera estimé à l'amia-
„ble par les parties intéressées, si non et
„faute de pouvoir convenir entre elles, el-
„les s'adresseront aux officiers de l'amirau-
„té du lieu, où le corsaire-repreneur aura
„conduit le bâtiment repris.

Art. 2. „Si le bâtiment repris a été en
„la puissance de l'ennemi au delà de vingt-
„quatre heures, il appartiendra en entier
„à l'armateur repreneur.

Art. 3. „Dans le cas où un bâtiment
„aura été repris par un vaisseau ou bâti-
„ment du Roi ou des Etats généraux, c'est
„à dire par un vaisseau ou bâtiment de
„guerre, il sera rendu au premier proprié-
„taire, en payant la trentième de la va-
„leur du bâtiment, de la cargaison, des
„canons et des apparaux, s'il a été repris
„dans les vingt-quatre heures, et le dixi-
„ème, s'il a été repris après les vingt-qua
„tre heures: lesquelles sommes seront dis-
„tribuées à titre de gratification aux équi-
„pages des vaisseaux repreneurs."

Les mêmes stipulations concernant les
reprises ont été aussi insérées et contenues
dans le

Traité de commerce conclu entre la France et l'Angleterre le 26 Sept. 1786. Art. XXXIV. *x*)

Dans la dernière guerre les reprises des navires Espagnols et Americains ont été parfaitement assimilées aux reprises des navires François. *y*)

CHAPITRE TREIZIÉME
du Jugement des prises du conseil des prises.

La prise étant faite et amenée à un port de la nation dont est l'armateur ou le capitaine du vaisseau preneur, il faut la juger, il faut prononcer sur sa validité, il faut en donner main levée, ou l'adjuger au preneur, il faut si la prise n'est pas déclarée légitime ou valable et régulière, condamner le preneur aux dépens, dommages, et intérêts.

---

x) Recueil de traités *par Mr.* DE MARTENS. T. II. p. 700.

y) Code des prises. T. II. p. 725.

Mais il est bien douteux et contesté à qui il appartient d'en connoître, qui en est le juge compétant.

Les nations qui ne sont pas liées par des traités de commerce, et par des stipulations concernant le jugement des prises, soutiennent,

que les nations belligérantes n'ayant point de puissance législative sur les négocians neutres, n'ont aussi pas la jurisdiction sur eux.

Ils en inférent,

que leurs tribunaux ne peuvent s'arroger sous aucun prétexte le droit de rendre des arrêts et des jugemens ni sur les bâtimens ni sur les marchandises neutres: que ces tribunaux ne sont donc ni fondés, ni autorisés à déclarer les vaisseaux pris par leurs armateurs et leurs cargaisons de bonne prise, à les confisquer, ou à les adjuger au preneur.

Elles prétendent,

que ces sortes de contestations ne peuvent être terminées que selon le droit des gens naturel, et universel, et que par la voie des négociations de cour à cour.

Les autres nations suivent des principes tout opposés. Elles attribuent à leurs
tribunaux d'amirauté la connoissance et le
jugement de toutes les prises faites par leurs
vaisseaux de guerre et armés en course tant
sur les ennemis de l'état, que sur les peuples neutres.

On ne sauroit disconvenir, que les prises faites sur l'ennemi n'admettent un autre juge que la nation qui les a faites.
Ce n'est qu'à elle à décider si la prise est
valable, regulière, juste, et par conséquent
bonne. Il ne s'agit que de la propriété ennemie, tout ce qu'elle enleve à son ennemi lui étant acquis. Depuis que les nations
de l'Europe ont adopté le principe, que les
marchandises des amis et des neutres chargées dans un vaisseau ennemi sont confiscables, la justice de leur saisie, la validité
de leur prise, la légitimité de leur confiscation ne dépend plus que de la qualité et de
la propriété ennemie du vaisseau, où elles
ont été trouvées. C'est le vaisseau seul qui
décide absolument du sort et de la confiscation des marchandises. Il n'appartient donc
qu'à la nation belligérante qui a pris le
vaisseau ennemi avec la cargaison neutre ou

amie

amie d'en juger, d'en connoitre. L'ennemi ne sauroit en juger, et un accommodement ne sauroit avoir lieu durant la guerre et les hostilités.

Mais quant aux bâtimens neutres et à leur cargaison, la compétence de la nation belligérante dont les vaisseaux de guerre ou armés en course ont fait la prise, est sujette à plus de difficultés et de discussion.

La nation preneuse n'a aucune juridiction ni sur la mer, où la prise a été faite, ni sur le navire enlevé, ni sur son chargement, ni sur les négocians auxquels ils appartiennent. Elle n'a pas aucun pouvoir législatif sur le lieu, ni sur le bâtiment pris, ni sur son chargement, ni sur ceux qui en sont propriétaires. Elle semble donc manquer de tout prétexte de s'ériger en juge, et de s'arroger la connoissance et le jugement de la prise faite sur un navire neutre pris et enlevé sous le prétexte que sa cargaison appartient à l'ennemi, ou qu'elle consiste en marchandises de contrebande et prohibées. La confiscation est proprement une punition; mais une punition ne peut être infligée qu'aux sujets de l'état. Les étrangers, qui n'ont point commis de délit dans son territoire, et qui n'ont pas été attrapés dans un endroit soumis à sa domination et à sa juridiction, en doivent être exempts.

Mais si l'on considère la question sous un autre point de vue, la compétence de la nation belligérante qui a fait la prise, se présente dans un jour moins défavorable.

La prise est détenu par le preneur. Le propriétaire qui en est dépouillé et dépossédé la réclame, la revendique. Le démandeur étant toujours obligé d'intenter son action par devant le juge du défendeur, c'est à dire par devant le juge du lieu où son domicile est établi, ou si l'action est réelle, par devant le juge du lieu où est située ou détènue la chose qu'il revendique, le propriétaire d'un vaisseau et de son chargement pris ne pourra se dispenser d'intenter son action de revendication ou en revendication par devant le juge du lieu ou du port où le domicile du preneur et du détenteur est établi, où il a amené la prise, où il la garde et détient.

C'est d'après ce principe, que les nations de l'Europe ont cru devoir convenir de laisser à chacune le pouvoir de faire juger ses prises par ses tribunaux d'amirauté, et de reconnoitre reciproquement leur juridiction en fait de prises que l'une fait sur les sujets de l'autre pendant la guerre.

Dans le

Traité de commerce et de navigation entre la France et l'Angleterre conclu le $\frac{31\ \text{Mars}}{11\ \text{Avril}}$ 1713.

il se trouve l'article suivant. z)

„Leurs Majestés susdites, tant d'une „part que de l'autre, voulant respective- „ment traiter dans tous leurs Etats les su- „jets de l'une et de l'autre aussi favorable- „ment que s'ils étoient leurs propres sujets, „donneront les ordres nécessaires et effica- „ces pour faire rendre les jugemeus et ar- „rêts concernant les prises dans la cour d'- „amirauté selon les régles de la justice et „d'équité, conformement à ce qui est pre- „scrit par ce traité, par des juges qui soient „au dessus de tout soupçon, et qui n'aient „aucun intérêt au fait dont il est question.

---

z) Article XXX. Du Mont *Corps dipl: universel du droit des gens.* T. VIII P. II. p. 349 Collection of Treaties between great - Britain and other Powers *by* George Chalmers T. II. p. 408.

Le

Traité de commerce et de navigation entre la France et les Provinces unies de
Pays - bas conclu le 21 Dec. 1739.
contient dans l'article XXX. la stipulation
suivante: *a*)

„Sa Majesté voulant que les sujets des-
„dits Seigneurs Etats - généraux soient trai-
„tés dans tous les pays de son obéissance
„aussi favorablement que ses propres sujets,
„donnera tous les ordres nècessaires, pour
„faire que les jugemens et arrêts qui se-
„ront rendus sur les prises, qui auront été
„faites en mer, soient donnés avec toute
„justice et équité par des personnes non
„suspectes ni intéressées au fait dont il se-
„ra question; et donnera sa Majesté les or-
„dres précis et efficaces, afin que tous les
„arrêts, jugemens, et ordres ·de justice,
„deja donnés et à donner, soient promp-
„tement et duement executés selon leurs
„formes.

Il se trouve la même convention dans
l'article XXXVII. du

Traité de commerce et de navigation con-

---

a) Recueil de traités *par Mr.* Rousset T. XIV. p. 464.

clu entre le Roi de France et le Roi de
Danemarc le 25 Août 1742. *b*)

„Les deux Rois auront soin, que les
„jugemens et les sentences, touchant les
„prises faites sur mer, soient rendus selon
„la justice et l'équité par des personnes non
„suspectes, et non intéressées, et com-
„manderont fortement à leurs officiers, que
„les sentences rendues par ces mêmes per-
„sonnes soient entièrement exécutées selon
„leur forme et teneur.

Le

Traité de commerce et de navigation conclu entre le Roi de France et le Roi de
la Grande-Bretagne le 26 Sept. 1786.
est dans l'article XXXII. parfaitement conforme à ces conventions. *c*) Voilà la stipulation y enoncée:

„Leurs Majestés susdites voulant re-
„spectivement traiter, dans leurs états, les
„sujets l'une de l'autre aussi favorablement
„que s'ils étoient leurs propres sujets, don-
„neront les ordres nécessaires et efficaces,

---

b) Wenck: *Cod. Juris gentium recentiss.* T. I p. 629.
c) Recueil de traités *pr. Mr.* de Martens T. II. p. 699.
Collect. of Treaties etc. *by* Chalmers T. II. p. 556.

,,pour faire rendre les jugemens et arrêts
,,concernant les prises, dans la cour de l'a-
,,mirauté, selon les régles de la justice et
,,de l'équité, et conformement à ce qui est
,,prescrit par ce traité, par des juges qui
,,soient au dessus de tout soupçon, et qui
,,n'aient aucun intérêt au fait dont il est
,,question.

Comme les traités de commerce con
clus entre les nations de l'Europe contien
nent et portent communément cette stipulation, on regarde comme un principe généralement reçu, comme une maxime décidée
du droit des gens européen positif, coutumier, conventionnel, que c'est à la nation
qui a fait la prise à en prendre connoissance et en juger la validité. Mais les nations
qui n'ont jamais pris de pareils engagemens,
qui ne sont pas liées par de semblables traités insistent sur les principes du droit des
gens naturel et universel, refusant de reconnoitre une jurīdiction étrangère sur leurs
sujets et sur les vaisseaux et les effets qui
leur appartiennent. La principale difficul-
té entre des nations qui n'ont pas conclu
des traités de commerce vient de cela, que
leurs tribunaux d'amirauté manquent de

principes fixe, selon lequels ils peuvent rendre leurs arrêts et leurs jugemens sur les prises. Les nations n'adoptent, ni ne reconnoissent pas généralement les principes reçus et établis dans les traités de commerce et de navigation modernes et récens. Elles s'attachent plutôt aux principes simples du droit naturel, ou aux anciens principes qu'on a suivis dans les siècles précédens qui diffèrent essentiellement de ceux qu'on a adoptés et établis dans les conventions modernes. Supposons le cas que les armateurs d'un état belligérant ayent saisi et pris les navires appartenans aux sujets d'un prince neutre. Le tribunal qui doit prononcer sur la validité de la prise déclare les marchandises y chargées et trouvées confiscables parce qu'elles sont propriété ennemie. Les deux parties en appellent au droit des gens. Ainsi les parties ne sont pas d'accord sur le premier principe en conformité duquel la sentence doit étré rendue, car l'une des parties prétend qu'elle soit rendue et conçue selon le droit des gens européen ancien, l'autre désire qu'elle soit prononcée selon le nouveau. Celle - ci semble avoir le droit de son côté parceque les loix anciennes sont abrogées par les nou velles. Cependant cette contradiction, cette contestation rendent le droit des gens européen inapplicable. La cause est donc devolue au tribunal du droit des gens naturel et universel, et elle ne sauroit par conséquent être terminée et discutée que par la voie de négociations de cour à cour. d)

On se rappelle les contestations survenues entre la Prusse et la Grande-Bretagne à ce sujet, agitées avec beaucoup d'ardeur, en 1752. La cour de Berlin soutint, que le gouvernement d'Angleterre n'étoit aucunement en droit de s'attribuer la juridiction sur les sujets d'un autre souverain, ni sur leurs vaisseaux, ni sur les marchandises y chargées dans un lieu qui n'etoit pas soumis à la nation Britannique, et où les Prussiens avoient autant de droit que les Anglois. Les Anglois prétendoient, que selon le droit des gens européen et les loix du royaume il n'appartenoit qu'à la cour d'amirauté de connoitre des prises faites par

***

d) Essai sur la liberté de la navigation et du commerce des nations neutres pendant la guerre Sect. V. §. 53. sq. Sect. VIII. §. 114. 115.

leurs vaisseaux de guerre et armés en course sur les nations neutres et les Prussiens,
et de prononcer sur leur validité. *e*)

Les puissances maritimes ne se dispu-
tent pas cette juridiction au fait des prises.
Elle la regardent comme généralement re-
connue, comme établie par les traités des
nations commerçantes de l'Europe, et reçue
par une coutume universelle.

En Angleterre le jugement des prises
est attribué aux tribunaux d'amirauté établis
dans les ports du royaume, ou aux cours
particulières d'amirauté établies dans toutes
les contrées maritimes pour la décision de
la question, si une prise est légitime, ou
non. La cour d'amirauté qui siège à Londres en est la principale, qui en première
instance décide cette question. Les appels de leurs arrêts et jugemens s'interjet-
tent et sont portés au conseil privé du Roi,

---

e) Voyez l'histoire de cette contestation terminée par une
transaction, et un accommodement occasionnés par l'alliance de Vestmunster en 1756. dans l'essai sur la Liberté de la navigation et du commerce des nations neutres pendant la guerre. Sect. VIII. §. 148. 149.

On y trouve aussi une liste des écrits publiés par les
deux cours au sujet de ce différend.

c'est a dire aux commissaires d'appel tirés du conseil privé. *f)*

En France les prises sont anciennement jugées par les amirautés en première instance, sauf l'appel à la table de marbre, ou au Parlement. Maintenant les amirautés n'en ont que l'instruction, et l'exécution des jugemens du conseil des prises. *g)*

Il est ensuite établi un conseil des prises pour leur jugement. Le dernier réglement pour son établissement et pour la forme d'y procéder est du 19 Juillet 1778. J'en transcrirai les principaux articles. *h)*

Art. I. ,,Les prises seront jugées par ,,des ordonnances qui seront rendues par ,,Mr. l'amiral, et par des commissaires ,,choisis et nommés par Sa Majesté pour ,,tenir conseil près de lui. Mr. l'amiral et ,,lesdits commissaires connoîtront en outre ,,des partages des prises, et de tout ce

---

f) Commentaries on the Laws of England. *by* Will. Blackstone: B. 3. Ch. V. §. III Vol III. p. 69.

g) Code des prises p. 34. 38. 59. 60. 86. 164. 795 802. 965 966. 967. 969.

h) On le trouve en entier dans le Code des prises. Vol. II. p. 663. sq.

„qui leur est incident, même des liquida-
„tions etc.

Art. II. „Les commissaires s'assemble-
„ront dans la maison de Mr. l'amiral, mê-
„me en son absence, et ces assemblées
„se tiendront le mecredi de chaque semai-
„ne après midi, et même plus souvent,
„s'il est nécessaire, aux jours et heures qui
„seront indiqués par Mr. l'amiral, et le se-
„crétaire - général de la marine y aura sé-
„ance et voix délibérative.

Art. III. „Mr. l'amiral présidera audit
„conseil, et s'il y intervient partage sa voix
„prévaudra; mais s'il est absent, l'affaire
„sera remise au conseil suivant, ou s'il est
„en voyage, ou dans le cas de maladie, il
„sera rendu une ordonnance de partage;
„ledit partage sera vidé au conseil royal de
„finances, en la même forme que les ap-
„pels des ordonnances dudit conseil des
„prises.

Art. IV. „La distribution de toutes les
„affaires, même des simples requêtes, se-
„ra faite par Mr. l'amiral à ceux d'entre
„tous les commissaires qu'il jugera à pro-
„pos, et en son absence par le plus ancien
„des commissaires qui présidera au conseil.

Art. V. „En cas qu'il y ait lieu de „prononcer des dommages et intérêts, ou „d'ordonner des estimations, Mr. l'amiral „et les commissaires pourront les régler et „les arbitrer à une somme fixe, suivant „l'exigence des cas; et s'ils jugent néces-„saire d'ordonner que les estimations soient „faites par experts, ils commettront les „officiers de l'amirauté pour recevoir les „rapports desdits experts et donner leur „avis, pour sur le tout être par Mr. l'a-„miral et les commissaires ordonné ce qu'il „appartiendra,

Art. VI. „Les requêtes présentées au „conseil des prises seront adressées à Mr. „l'amiral seul, et les ordonnances dudit „conseil seront intitulées en son nom; le „rapporteur écrira de sa main ce qui aura „été jugé et ordonné; et les minutes des „ordonnances seront signées par Mr. l'ami-„ral sur la première colonne, et sur la se-„conde au moins par cinq commissaires qui „auront assisté au jugement, en sorte qu'il „n'y ait sur la première colonne que la sig-„nature de Mr. l'amiral, et sur la seconde „celle du rapporteur et au dessous de sa „signature celle des autres commissaires. etc.

Art. VII. ,,Lorsque le capitaine du
,,vaisseau-preneur ou l'officier chargé de la
,,conduite de la prise feront leur rapport
,,devant les officiers de l'amirauté, ils se-
,,ront tenus de leur remettre le sac cache-
,,té contenant les pièces trouvées à bord du
,,bâtiment pris; et après que les cachets
,,auront été reconnus sains et en bon état,
,,ils numéroteront et parapheront lesdites
,,pièces par première et dernière en présen-
,,ce du Lieutenant de l'amirauté, qui les pa-
,,raphera pareillement, aussi que le capitai-
,,ne ou l'officier principal du bâtiment pris;
,,et celles qui seront écrites en langue etran-
,,gère, et dont la traduction pourra être uti
,,le seront desiguées par numéros dans le
,,procès verbal de la remise qui en sera fai-
,,te par le juge à l'interprète.

Art. VIII. ,,Ledit capitaine du vaisseau-
,,préneur, ou l'officier chargé de la con-
,,duite de la prise seront interpellés par le
,,juge de l'amirauté qui recevra leur décla-
,,ration, d'élire domicile dans le lieu du siè-
,,ge de l'amirauté ou la prise sera condui-
,,te etc.

Art. IX. ,,Les instructions concernant
,,les échouemens des bâtimens ennemis, les

„prises et partages d'icelles, circonstances
„et dépendances, seront faites par les offi-
„ciers des amirautés dans le ressort desquel-
„les les échouemens seront arrivés, et les
„prises seront amenées suivant les formali-
„tés prescrites par les ordonnances, arrêts,
„et réglemens, soit que les prises aient été
„faites par les armateurs particuliers, soit
„qu'elles aient été faites par les vaisseaux
„de Sa Majesté, en quelque nombre qu'ils
„aient été, sans qu'en aucun cas les offi-
„ciers de l'amirauté puissent les juger.

Art. X. „Lorsque les marchandises,
„composant le chargement des prises, se-
„ront sujettes au dépérissement, ou lors-
„que lesdites prises seront constamment
„ennemies, suivant les pièces du bord et
„les interrogatoires des prisonniers, les of-
„ficiers de l'amirauté pourront, avant qu'el-
„les soient jugées be bonne prise, ordon-
„ner la vente d'icelles, pour prévenir la
„diminution de leur prix.

Art. XI. „Les Greffiers des Siéges des
„amirautés enverront au secrétaire général
„de la marine les procédures d'instruc-
„tions et toutes les pièces trouvées à bord
„des prises, et le sécrétaire général de la

„marine tiendra exactement registre des tou
„tes lesdites procédures, et du jour qu'il
„les aura reçues, et il sera procédé dans la
‚huitaine au plus tard à la distribution —
„— — et les pièces seront remises au rap-
„porteur dans le jour suivant.

Art. XII. „Huit jours après la remise
„desdites procédures au commissaire - rap-
„porteur, dont il sera fait mention en mar-
„ge de la première pièce, la prise sera ju-
„gée, si elle n'est pas réclamée par aucun
„avocat.

Art. XIII. „Les avocats qui occuperont
„pour les réclamateurs, ne pourront pren-
„dre communication des procédures, s'ils
„n'ont préalablement présenté au commis-
„saire-rapporteur une procuration en forme,
„ou celle qui l'aura été aux officiers de l'a-
„mirauté; laquelle procuration lesdits avo-
„cats signeront et remettront entre les mains
„dudit commissaire-rapporteur, qui la pa-
„raphera si non toute audience et communi-
„cation leur sera déniée.

Art. XIV. „Huitaine après que le ré-
„clamateur aura donné sa requête, l'arma-
„teur fournira sa réponse, et le réclama-
„teur sa replique dans pareil délai, après

„lequel aucune requête, ni pièce ne pour-
„ront être reçues par le commissaire rap-
„porteur, que de l'avis des Sieurs commis-
„saires, dont mention sera faite par le rap-
„porteur, en marge desdites requêtes et piè-
„ces; et il sera procédé au jugement de la
„prise sans aucun retardement.

Art. XV. „Les requêtes seront datées
„par les avocats, et reçues par une ordon-
„nance du commissaire-rapporteur, sans
„que les avocats puissent prendre plus d'u-
„ne fois par ses mains et sans déplacer,
„communication desdites procédures et piè-
„ces; ils seront tenus de faire mention au
„bas des requêtes, et sur le dossier des
„procédures de 'ladite communication, et
„du jour ou elle leur aura été faite.

Art. XVII. „Celui qui sera commis
„pour greffier du conseil des prise, dres-
„sera les ordonnances, signera les expédi-
„tions en parchemin, et fera toutes les
„fonctions de greffe, sans néanmoins avoir
„entrée et séance audit conseil. Il sera
„tenu d'envoyer les jugemens dudit conseil
„aux officiers des amirautés, huit jours a-
„près la date d'iceux, et s'il survenoit des
„incidens, de quelques nature que ce soit,

„sur

„sur l'exécution desdits jugemens, les offi-
„ciers de l'amirauté en dresseront procès
„verbal, qu'ils enverront avec leur avis au
„secrétaire général de la marine, pour y
„être fait droit sur le champ par Mr. l'a-
„miral, et lesdits Sieurs commissaires.

Art. XVIII. „Les appellations des or-
„donnances rendues par Mr. l'amiral et les-
„dits Sieurs commissaires seront portées
„au conseil royal des finances auquel Mr.
„l'amiral assistera, et prendra le rang que
„sa naissance et sa charge lui donnent.

Art. XIX. „Lesdites appellations seront
„jugées au dit conseil royal, sur les con-
„clusions du procureur de Sa Majesté au-
„dit conseil des prises, soit qu'il interjette
„appel des jugemens du conseil des prises
„dans lesquels Sa Majesté sera intéressée,
„soit qu'il défende aux appels interjettés par
„les parties, et également sur ses conclusi-
„ons pour les affaires qui ne concernent
„que des particuliers; à l'effet de quoi il
„pourra prendre communication de tous les
„jugemens rendus par Mr. l'amiral et les-
„dits Sieurs commissaires.

Art. XX. „Il ne pourra être appelé
„desdites ordonnances après six mois du

G

„jour de leur signification aux domiciles
„élus, ou à défaut d'election de domicile,
„après six moix du jour de leur enrégistre-
„ment aux greffes des amirautés.

Art. XXI. „Les avocats qui auront oc-
„cupé au conseil des prises, seront tenus
„d'occuper également sur l'appel du juge-
„ment qui aura été rendu; et sera tenu
„l'appelant de fournir ses moyens, et d'a-
„chever sa procédure dans six semaines pour
„tout délai, après lesquels il ne sera plus
„reçu de requètes, ni fait autre acte de
„procédure, et l'instance sera jugée sur ce
„qui se trouvera produit alors, s'il n'en a
„été autrement ordonné par Sa Majesté.

Art. XXII. „Il ne pourra être inter-
„jeté appel des liquidations générales et
„praticulières que dans l'année de la date
„desdites liqudations, et par une requète
„présentée au conseil royal des finances, qui
„contiendra sommairement les moyens d'ap-
„pel, et sera remise au procureur da Sa
„Majesté pour les prises, pour, sur ses con-
„clusions, être fait droit sur ladite requète,
„ainsi qu'il appartiendra: mais dans tous
„les cas l'appel sera périmé, s'il n'est jugé
„dans les deux ans de la date de l'arrèt,

„par lequel ledit conseil royal des finances
„aura ordonné le renvoi au conseil des pri-
„ses, sans que l'instance puisse être per-
„petuée par aucun moyen.

Art. XXIII. „Le secrétaire d'état a-
„yant le département de la marine rappor-
„tera seul audit conseil royal les affaires qui
„y seront portées par appel, ainsi que les
„oppositions et incidens qui pourront s'y
„présenter; et seront par lui expédiés en
„commandement les arrêts qui y seront
„rendus au sujet desdites prises.

CHAPITRE QUATORZIÈME.

*Les nations neutres sont-elles tenues de recon-
noitre la juridiction et de se soumettre aux
jugemens des nations belligérantes au
sujet des prises?*

J'ai discuté cette question très problé-
matique et très difficile dans le chapitre
précédent. Pour la resoudre et vider
entièrement il reste encore beaucoup à

ajouter, et il faut que je m'en occupe encore une fois.

Chaque nation étant indépendante, aucune ne sauroit s'arroger sur les sujets de l'autre, ni sur leur propriété, leurs biens et leurs effets une puissance législative, ni une juridiction, ni un pouvoir coërcitif. Une nation engagée dans une guerre avec un autre souverain ne sauroit en conséquence de ce principe s'attribuer le droit et le pouvoir de juger les prises qu'elle se croit en droit de faire sur les sujets des nations neutres qui continuent à naviguer en pleine mer, à exercer et à faire leur commerce pendant la guerre comme dans la paix. S'ils contreviennent aux traités ou aux usages généralement reçus, aux régles du droit des gens soit universel, soit particulier, conventionel ou coutumier, la nation belligérante qui s'en trouve lésée ou offensée ne peut ni saisir leurs vaisseaux et les marchandises y chargées, ni s'ériger en juge des saisies et des prises faites sur eux. Elle est plutôt obligée, pour obtenir la réparation et la satisfaction qui lui pourra être due, de s'adresser au souverain des contrevenans ou des contrebandiers, pour lui demander jus-

tice et la punition des coupables. Elle ne
doit se faire justice à elle-même, ni com-
mencer par l'exécution, ni saisir et enlever les bâtimens et leurs cargaisons, ni les
adjuger à son fisc. Ces contrevenans sont
des sujets etrangers, qui n'ont commis aucun délit dans le territoire de la nation belligérante, qui ont usé de la liberté naturelle,
et auxquels elle n'a ni droit ni prétexte d'infliger un chatiment ni une peine.

Le lieu où les contrevenans ont commis
la faute, et où ils ont été attrapés, n'étant
pas soumis à la domination de la nation
belligérante, elle ne se peut arroger aucun
pouvoir de leur faire le procès, et de prononcer l'arrêt de confiscation.

C'est sur ces principes que raisonnent
ceux qui contestent aux nations en guerre le
droit de juger les prises que leurs vaisseaux
de guerre ou armés en course ont faites sur
les nations neutres sous prétexte de contrebande ou de propriété ennemie. *i*)   Ces

____

i) G a l i a n i : *Rechte der Neutralitaet uebersetzt von*
C a e s a r *I. Buch. IX Cap. p.* 165. sq. §. 8. H ü b n e r
de la saisie des bâtimens neutres. T. II. p. I. Ch. 1. 2.
p. 39 sp. p. 43. sq. La liberté de la navigation et du commerce des nations neutres pendant la guerre. Sect. V.
§. 63. sq.

raisonnemens sont assez spécieux et plausibles. Mais ils ne soutiennnent pas un examen sévère et rigoureux, ni une discussion exacte.

Il ne s'agit pas des saisies et prises qui sont faites dans un port, appartenant à la nation belligérante et preneuse, ni des prises faites dans une rade ou baie soumise à sa domination, ou dans une mer fermée, sujette à sa souveraineté. Ces prises ne peuvent être jugées que par la nation belligérante, preneuse, souveraine de l'endroit et du lieu où les prises ont été faites, parceque la contravention y a été commise, et que les contrevenans y ont été attrapés.

Il s'agit des prises faites en pleine mer sur les nations neutres sous prétexte que le vaisseau pris et son chargement sont propriété ennemie, ou que la cargaison consiste en marchandises de contrebande. Selon les principes sur lesquels se règle la compétence des juges il appartient aux tribunaux de la nation belligérante, dont les vaisseaux et les armateurs ont faite et amené la prise dans un de ses ports, d'en connoître et d'en décider.

La prise est conduite dans un de ses

ports, et y est détenue par le capteur, par
l'armateur preneur. Le propriétaire du
vaisseau pris ou de son chargement le réclame, le revendique. Il ne sauroit
donc intenter son action en revendication
contre le détenteur que par-devant son juge compétant, c'est à dire par-devant le
juge du lieu du domicile, ou de la détention, où le défendeur à établi ou élu son
domicile, et où il garde et détient la prise.

Les nations maritimes et commerçantes
d'Europe s'accordent avec ces principes et
leurs traités de commerce et de navigation
y sont parfaitement conformes. Elles y reconnoissent reciproquement la compétence
de la nation belligérante, et son droit de
juger les prises faites par ses vaisseaux de
guerre ou armés en course. *k)* Elles avou-
ent, qu'il n'appartient qu'à la nation preneuse de connoitre des prises faites sur l'ennemi et sur les neutres. Il faut qu'un juge prononce sur la validité de la prise,
sur le droit du preneur qui la détient de la

---

k) La liberté de la navigation et du commerce des nations
neutres pendant la guerre. *Sect.* VIII. §. 114. Traité
des prises *par Mr.* VALIN Ch. XIV. §. 35. sq. p. 233.

garder, de se l'approprier, et sur la réclamation du propriétaire qui la revendique.

La nation neutre dont les sujets ont été dépouillés du vaisseau et de sa cargaison, ne sauroit s'attribuer le droit de connoître du droit du capteur de s'en emparer, d'en acquérir la propriété. Le capteur est un sujet d'un autre état contre lequel le propriétaire dépouillé exerce et intente l'action en revendication. Celle-ci ne sauroit être intentée que par-devant le juge du lieu où le capteur, le détenteur a établi ou élu son domicile, où il garde et détient le vaisseau et le chargement pris. On ne sauroit même imaginer un prétexte sous lequel le juge national du propriétaire puisse s'attribuer et s'arroger le droit d'en connoître.

Les tribunaux de la nation belligérante et preneuse sont d'ailleurs censés observer la même impartialité, la même équité que ceux de la nation neutre sur laquelle la prise a été faite. Il y a une présomption égale en leur faveur, et pour leur impartialité, leur intégrité, leur équité.

Plusieurs auteurs proposent un tribunal mixte, composé de commissaires et de delégués des deux nations, nommés et commis par les deux souverains, pour connoitre des prises. *l*) Mais chacun voit les difficultés insurmontables de porter et des disposer deux cours à renoncer à leur juridiction, à leur compétence exclusive, et à s'accorder, à convenir d'une pareille cour ou commission composée de juges nommés par le souverain du lieu où le capteur demeure et détient la prise, et de consuls et conseillers commis et accredités par le souverain du propriétaire qui réclame la prise. *m*)

La nation neutre ne peut exiger qu'elle soit admise à partager la juridiction qui ne compète qu'au souverain du lieu. Mais il me semble quon peut et doit accorder au consul de la nation neutre la permission d'assister à l'instruction et au jugement de l'affaire, de plaider la cause du propriétaire réclamant, son compatriote, de le soutenir et de le défendre.

La voie de négociation ou de discussion ministerielle, regardée par d'autres politiques comme la plus propre et la plus

---

m) Hübner: *de la saisie des bâtimens neutres.* T. II. P. I. Ch. II. §. VI. p. 54.

m) Galliani *von dem Rechte der Neutralitaet.* 2 Th. I. B. IX. Cap. §. 8. p. 173. 176.

convenable pour décider les affaires de prises, est trop lente et sujette à trop de délais et de difficultés pour qu'elle puisse convenir à une contestation des particuliers qui
exige des formalités, des preuves, des recher-
ches soigneuses, et une décision prompte. *n*)

Les nations maritimes continueront,
malgré les spéculations et les raisonnemens
des savans, à suivre l'usage universelle-
ment reçu et pratiqué, et à reconnoître en
conséquence, que chaque puissance en
guerre est en droit de juger les prises faites sur les nations neutres, introduites dans
ses ports. *o*)

CHAPITRE QUINZIÈME

du juge compétant des prises amenées et condui-
tes dans un port de la nation neutre sur
laquelle elles ont été faites, ou dans
un autre port neutre.

Il arrive quoique rarement que les vaisseaux et les armateurs preneurs se voyent

---

n) Hubner. c. l. p. 54. T. II. Galliani c. l. p. 175.
176. not.

o) Traité des prises *par* Mr. Valin. T. I. Ch. XIV. §.
58. 59. p. 274.

contraints d'amener et de conduire les prises dans un port appartenant à la nation
neutre aux négocians et sujets de laquelle
elles ont été enlevées, sur laquelle par conséquent les prises ont été faites.   On sent
bien que le preneur ne se déterminera que
par des raisons prépondérantes et par une
nécessité urgente à entrer avec sa prise dans
un port de la nation qui en souffre la perte;   quoiqué il ne risque pas d'en être dépouillé, vu que la nation neutre n'oseroit ha-
zarder cette violence, sans offenser la nation belligérante, sans l'irriter, sans provo-
quer sa vengeance.   Ce n'est pas le cas de
recousse ou de reprise, qui n'est permise
qu'à la nation belligérante et à ses confédérés et alliés.

Mais la nation neutre, dans le port de
laquelle entre une prise faite sur elle ne se
laissera disputer et ôter le droit de la juger,
et de prononcer sur la validité selon ses
principes ou suivant les stipulations des traités subsistans entre elle et la nation belligérante. *p*)

---

p) Tr. de la saisie des bâtimens neutres *par.* Mr. HUBNER
T. II. Ch. II. §. V. p. 52. Traité des prises *par Mr.*
VALIN. T. I. Ch. XIV. §. 40. p. 255.

Quand la prise est amenée et entre dans un port d'une nation neutre tierce, celle-là ne sauroit s'en arroger la connoissance et le jugement, qui ne peut appartenir qu'à la nation en guerre, dont les vaisseaux et les armateurs l'ont faite. *p*) Mr Hubner avoue que le juge du lieu n'est pas autorisé d'en connoitre. Mais il propose aussi dans ce cas une commission composée du juge du lieu, et du consul de la nation saisissante et preneuse, et de la nation sur laquelle la prise a été faite. Cette commission ne sauroit jamais avoir lieu que par manière de compromis.

L'ordonnance du Roi de France *concernant les prises qui seront conduites dans les ports étrangers*, et les formalités que doivent remplir les consuls de Sa Majesté qui y sont établis, du 8 Nov. 1779. Art. 1. 8. *r*)

n'attribue aux consuls que les opérations tendantes à la garde et à la conservation des prises, et l'instruction préalable de l'affaire, en réservant le jugement et la déci-

---

q) Hubner: c. l. §. VIII. p. 59.

r) Le Code des prises. T. II. p. 761. - 765. Essai sur les consuls *par* de Steck. p. 177. sq.

sion au conseil des prises, auquel les consuls sont tenus d'envoyer et de remettre toutes les pièces.

L'Angleterre a établi par plusieurs traités des juges des prises dans plusieurs contrées et ports étrangers commis pour décider la question, si une prise y amenée est légitime ou non. *s*)

C'est ainsi qu'à Livourne toutes les prises faites par les Anglois dans la mer méditerranée sont jugées en première instance par le consul anglois et les commissaires qui lui sont adjoints, sauf l'appel au Roi et à son conseil privé à Londres. *t*)

Le Grand Duc y a acquiescé depuis long tems, n'y trouvant aucun inconvénient.

CHAPITRE SEIZIÈME

de l'intervention du ministre de la nation neutre dans le jugement des prises.

La protection que chaque état et chaque souverain doit à ses sujets autorise aussi

---

s) Commentaries on the Laws of England *by* WILLIAM BLACKSTONE L. III. Ch. V, §. III. Vol. 3. p. 69. sq.

t. GALLIANI *von den Rechten der Neutralitaet* II. Th. *I. B. 9. Cap. p.* 171.

son ministre résidant à la cour qui fait la
guerre et des prises à intervenir dans les
causes et les procès des prises dont on at-
tend la décision, ou dont la décision donne lieu à des plaintes.   Il est en droit de
demander la revision et l'examen de la sentence prononcée et de l'arrêt rendu.

Il est stipulé dans

le Traité de commerce et de navigation
conclu en 1786. entre le Roi de France et le
Roi de la Grande - Bretagne Art. XXXV. *u*)
que sur les plaintes des ministres respectifs
les sentences soient revues, examinées à
moins que l'affaire ne soit deja décidée et
terminée définitivement en dernière instance.

„Toutes les fois que les ambassadeurs
„de Leurs Majestés susdites tant d'une part
„que de l'autre ou quelqu'autre de leurs
„ministres publics, qui résideront à la cour
„de l'autre Prince, se plaindront de l'injus-
„tice des sentences qui auront été rendues
„(au sujet des prises), Leur Majestés re-
„spectivement les feront revoir et exami-
„ner en leur conseil, à moins que ledit
„conseil n'en eût deja décidé; afin que

---

u) Recueil de *traités par Mr.* Martens. T. II. *p. 701.*

„l'on connoisse avec certitude, si les or-
„donnances et les precautions préscrites
„au present traité auront été suivies et ob-
„servées etc.

CHAPITRE DIX-SEPTIÈME.

*Procedures étranges et irrégulières des cours d'a-
mirauté et des conseils des prises en plusieurs pays.*

J'avoue que l'irrégularité de la procédure
que l'on reproche avec tant de droit aux
juges des prises doit plutôt être impu-
tée aux vices de la législation, et à l'ini-
quité et la bizarrerie des principes qu'ils
sont tenus de suivre, qu'à la perversité des
cours chargées de l'instruction et de la décision de cette sorte de procès. Cependant
les nations neutres n'en souffrent pas moins.
Ces principes erronés et iniques dérivent de
l'intérêt que les souverains des nations maritimes mettent à animer et à encourager les
armateurs. Ce désir d'exciter les sujets aux

armemens en course, qui est commun à toutes les nations puissantes et préponderantes sur mer, a égaré les législateurs, en les déterminant à adopter des principes inalliables et inconciliables avec la raison, l'équité, la justice, les régles d'une saine jurisprudence. On ne fera pas tort à ces nations si jalouses du commerce et de la navigation de tous les autres peuples, en leur supposant encore l'envie et le dessein de mettre par cette piraterie privilégiée et favorisée des entraves à l'industrie des nations neutres et à leur commerce dont celles - ci pourroient pendant la guerre multiplier et étendre les relations.

Le premier principe des amirautés dont les nations neutres ont tant de raison de se plaindre consiste dans la présomption aussi contraire à la raison que denuée de tout fondement:

que tous les navires pendant la guerre sont soupçonnés, censés, réputés ennemis, ou neutres masqués, ou faire un commerce prohibé et illicite. x)

En

---

x) Traité des prises *par Mr.* V A L I N. T. I. Ch. XIV. §. 32. p. 272.

En conséquence de cette présomption inique, imaginée et établie en faveur des armateurs,

α. Ceux-ci sont autorisés à arrêter, à saisir, à amener sur le simple soupçon de la qualité ennemie ou masquée tous les navires qu'ils rencontrent en pleine mer, à les visiter, à s'en emparer;

β. Les propriétaires et les capitaines des navires neutres sont tenus de fournir des preuves, que le bâtiment et les marchandises y chargées appartiennent à eux, et à ceux qui les ont expédiés, au lieu que, suivant tous les principes de jurisprudence, l'armateur qui prétend le contraire, et qui par cette raison les a saisis devoit prouver le fondement de sa présomption.

γ. Les vaisseaux pris et amenés sont détenus jusqu'à l'instruction et la décision de la cause, ce qui dure communément une entière année.

δ. Le réclamateur, quoiqu'il obtienne la restitution de la prise après avoir fourni ses preuves, reste sans indemnité, sans dédommagement. Souvent il se voit condamné aux dépens et aux frais du procès. Les frais faits tant pour la conservation ou la vente des marchandises de la prise, que pour la subsistance du maître et des autres officiers mariniers, ou des matelots qui sont restés, sont outre cela ordinairement pris sur le bâtiment et la cargaison, et payés par le réclamateur, qui en obtient la main levée, et en recouvre la possesion. y) Le réclamateur après une longue détention obtient enfin la restitution de la prise, mais il ne reçoit aucun dédommagement ni des frais de la détention et de l'arrêt, ni de la perte du tems, ni de la perte des occasions favorables d'une vente avantageuse, ni du benéfice dont il se voit frustré, ni du dépérissement de la cargaison. S'il arrive quelquefois que l'armateur soit condamné aux dépens, dommages et intérêts, l'exécution du jugement est ordinairement retardée, ou infructueuse, et l'indemnité ou la reparation imparfaite.

En Angleterre on a établi dans les cours d'amirauté la régle, qu'un bâtiment neutre saisi et pris doit avec sa cargaison

---

y) Traité des prises *par Mr.* VALIN. T. I. Ch. XV. §. 13. p. 240.

être reputé et censé propriété ennemie, en cas que la propriété du bâtiment et des marchandises ne soit aussitôt prouvée par les papiers trouvés à bord, ou par le serment du capitaine et des officieurs supérieurs; et qu'en cas que d'autres preuves y fussent ensuite apportées, le maître seroit condamné non seulement aux dépens du procès, mais même à ceux du saisissement, c'est à dire de la violence injustement exercée par l'armateur. En France on pousse la rigueur plus loin. Selon les ordonnances les papiers tronvés dans le vaisseau au tems de la saisie, doivent seuls être admis comme des preuves, et ceux qu'on pourroit ensuite apporter n'avoir aucune foi. z)

L'armateur devroit prouver la verité de sa présomption et de son prétexte. Ayant saisi par force le navire et les marchandises y chargées, sur le seul soupçon, ou sous le prétexte que le bâtiment et les marchandises sont propriété ennemie, ou de con-

---

z) Réglement concernant la navigation des bâtimens neutres en tems de guerre du 26 Juillet 1778. Art. XI. Code de prise T. II. p. 074.

trebande, il demande à la cour de l'amirauté l'adjudication du navire et de sa cargaison, ou des marchandises seulement, si le bâtiment est neutre. Selon toutes les loix il seroit tenu de fournir des preuves pour verifier sa présomption ou son prétexte, la saisie du navire et des marchandises étant uniquement fondée sur cela. Au lieu de cela le maître du navire et les propriétaires de la cargaison, quoique leur possession fonde une présomption légale pour eux, sont injustement chargés de la preuve de leur propriété, et si cette preuve n'est incontinent produite et administrée au premier terme, ils sont condamnés aux dépens, et même aux frais de la saisie. Ce procédé est arbitraire, tumultuaire, et parfaitement ressemblant à la procédure du tribunal de l'Inquisition en Espagne. *a*)

---

a) La liberté de la navigation et du commerce des nations neutres pendant la guerre. §. 114. p. 128 sq.

CHAPITRE DIX-HUITIÉME
Navigation et commerce pendant la guerre.

SECTION I.
La navigation et le commerce des nations en guerre.

§. 1. La guerre suspend et intrerompt tout commerce, toute navigation entre les nations qui y sont engagées.

§. 2. Tout commerce cesse entre elles dès que la rupture éclate et que la guerre a été déclarée, ou que les hostilités ont commencé.

§. 3. Les nations en guerre peuvent malgré l'etat d'hostilité convenir entre elles de vouloir continuer le commerce. Elles peuvent, pour obvier aux inconveniens, borner le commerce et restreindre la communication à quelques places et ports, en prenant des précautions suffisantes contre tous les abus qui pourroient résulter de cette liberté. Il seroit même à desirer que les souverains qui entrent en guerre voulussent se préter à des pareilles conventions pour adoucir et diminuer les maux et les calamités

dont ce fléau afflige et écrase les peuples.
b) Le corps germanique en donne l'exemple dans la guerre présente provoquée par les fureurs et les extravagances de la nation françoise. Il permet le commerce et la navigation, en exceptant les marchandises de contrebande et en y comprenant le blé et le bois de construction.

§. 4. Si les nations en guerre ne sont pas convenues de continuer entre elles pendant la guerre le commerce et la navigation, tout navire ennemi et son chargement peut être enlevé, saisi, confisqué, déclaré de bonne prise.

SECTION II.

La liberté de la navigation et du commerce des nations neutres pendant la guerre selon le droit des gens universel.

§. 1. La guerre qui éclate et se fait entre deux ou plusieurs nations ne change rien

---

b) Droit publ. de l'Europe fondé sur les traités *par Mr* L'Abbé Mably Ch. XI. T. VI. *des oeuvres* p. 375.

dans les rapports et les relations des nations neutres, qui n'y prennent pas part, ne s'y mêlant point d'aucune manière.

§. 2. Les nations neutres continuent en conséquence à faire le commerce pendant la guerre comme dans la paix. Par rapport à elles il n'y a ni guerre, ni nation belligérante.

§. 3. Un état n'a aucun droit d'empêcher le commerce et la navigation des sujets de l'autre avec lequel il est en paix.

§. 4. Les sujets d'un état neutre peuvent donc trafiquer avec les parties belligérantes, sans que l'une ou l'autre puisse gêner, troubler, ou interdire leur commerce.

§. 5. L'une des parties belligérantes doit donc souffrir, que les négocians d'un pays neutre vendent à l'autre tout ce qu'ils lui pouvoient vendre en tems de paix,

§. 6. Et par conséquent aussi des armes et des munitions de guerre, parceque les puissances belligérantes n'ont point de pouvoir d'imposer à un état neutre des obligations nouvelles et inusitées en tems de paix. Une nation, dont le commerce consiste principalement en marchandises qui servent et qui sont nécessaires à la guerre, et à

la construction et à l'équipement des vaisseaux, ne sauroit sans une insigne injustice être privée de la branche principale de
son industrie et de son commerce.

§. 7. Le droit des gens naturel ne fai-
sant point de distinction entre les marchandises qui peuvent être l'objet du commerce ou en paix, ou en guerre, les négocians d'une nation neutre continuent à
pourvoir également et sans préférence les
parties belligérantes l'une comme l'autre
d'armes et de munitions de guerre : Et comme ils se servent de leur droit, qu'ils n'ont
pas le dessein de secourir et d'aider l'une,
et de nuire à l'autre, qu'ils ne cherchent
qu'à tirer parti des productions de leur
pays, ils ne font rien d'illicite, et ne sauroient par conséquent être traversés dans
ce trafic.

§. 8. Les peuples trafiquans n'étant obligés de respecter et d'observer des loix que
celles de leur souverain, et les parties belligérantes n'acquérant pas par la guerre le
pouvoir de prescrire des loix aux peuples
neutres, il est manifeste que les puissances
en guerre ne sont aucunement en droit d'ordonner aux négocians sujets des états neu-

tres de s'abtenir du trafic de certaines marchandises, ou de leur interdire entièrement
le commerce avec le pays et les sujets de
leur ennemi respectif.

§. 9. Si une des parties belligérantes fait
la conquête du pays de son ennemie, elle
y exerce la souveraineté et la puissance législative; elle est par conséquent en droit
d'y interdire à toutes les nations toutes ou
de certaines sortes de commerce et de trafic.

§. 10. Lorsque une puissance belligérante fait par son armée de terre ou navale reserrer ou cerner une ville et place ou
en faire le blocus, ou le siège, elle en
occupe et reduit sous sa domination les
environs, les contrées circonvoisines, les
avenues. Elle acquiert par cette occu-
pation le pouvoir et le droit d'interdire à
tous les étrangers et les neutres tout le commerce, et toute la communication avec la
place bloquée ou assiégée, et d'empêcher
tant par mer que par terre l'envoi de toutes les denrées et marchandises par lesquelles la reddition et la prise de la place
pourroit être retardée, rendue difficile et
traversée.

§. 11. Elle n'a d'ailleurs et nulle part

aucun pouvoir légitime de défendre à des négocians neutres le commerce de quelles marchandises que ce soit, ni de l'empê-cher et traverser. Elle ne peut s'arroger ce droit en aucun lieu, où sa domination et son autorité n'est pas établie, ni recon-nue, et encore bien moins en pleine mer.

§. 12. La navigation en pleine mer é-tant libre, commune et permise à tous les peuples pour le commerce et pour la guer-re, il est permis aux puissances belligéran-tes de poursuivre leurs ennemis en pleine mer, de s'y emparer de leurs vaisseaux, d'enlever les navires de leurs sujets, de sai-sir les marchandises qui en composent la cargaison, d'exercer la même hostilité contre leurs confédérés, alliés, assistans.

§. 13. Mais elles ne peuvent s'arroger aucun droit d'en user de même avec les na-tions neutres. Le droit de guerre ne les autorise aucunement à arrêter leur navires, en pleine mer, ni à les visiter ou saisir.

§. 14. Si les puissances désirent que le commerce et le trafic de certaines marchan-dises soit interdit aux sujets des états neu-tres, ce n'est pas par leurs loix et leurs ordonnances qu'elles peuvent et doivent effectuer cela. Elles ne sauroient y réussir ni parvenir à empêcher ce commerce que par la voie de négociation, en engageant leur souverain à leur défendre de porter à leur partie adverse des armes, des munitions, des marchandises nécessaires et utiles à la guerre.

§. 15. Il est permis aux sujets des nations neutres, et on ne peut aucunement leur disputer ou leur ôter la liberté d'apporter dans leurs navires aussi bien à des négocians d'une nation belligérante les marchandises que ceux-ci ont achetées dans un pays étranger, que de transporter celles qu'ils y envoyent, au lieu de leur destination, et de charger de même dans leurs bâtimens celles que les négocians d'une nation en guerre leur ont données en commission. Il est vrai que les puissances en guerre ont le droit de s'emparer des marchandises qui appartiennent à leur ennemi et à ses sujets, de les enlever, de les saisir par-tout où elles sont trouvées. Mais ce droit cesse dans un lieu neutre. Or un vaisseau neutre doit être censé être un endroit, un lieu neutre aussi bien qu'une ville, qu'une place, qu'une forteresse neutre. Les bâtimens neutres sont aussi bien une partie de la propriété de la nation neutre à laquelle elles appartiennent que les villes, les villages, les chateaux, les magasins, les maisons, qui sont situés dans son territoire. Comme il n'est pas permis de commettre des violences et des hostilités dans un territoire neutre contre les ennemis et leurs propriétés, les effets ennemis chargés dans un navire neutre ne peuvent aucunement être saisis et enlevés sous prétexte, qu'ils appartiennent à l'ennemi de l'état. Le bâtiment étant libre, la cargaison doit être aussi libre et à l'abri de toute insulte. Le vaisseau libre rend les marchandises libres. Le souverain du propriétaire d'un tel bâtiment neutre saisi sous ce prétexte, est donc fondé à demander satisfaction au souverain du vaisseau de guerre ou de l'armateur pour les violences exercées contre lui, et pour l'affront fait à son pavillon.

§. 16. Les effets ennemis chargés et trouvés dans un bâtiment neutre ne pouvant être saisis ni enlevés, les vaisseaux de guerre et les armateurs d'une nation belligérante ne doivent pas, ni ne peuvent en aucune façon exiger des bâtimens neutres allant à un port ennemi ou en revenant, une ve-

rification ou preuve que la cargaison est
propriété des marchands neutres, et non
pas celle des sujets ennemis, et que ceux-
ci ne leur ont pas donné ces marchandises
en commission, et ne se sont pas chargés
du risque.

§. 17. Les nations neutres ayant le droit
et la liberté de trafiquer, et faire et de
continuer leur commerce en tems de guerre comme en tems de paix, elles peuvent
selon l'usage constant des commerçans faire
charger leurs effets dans des vaisseaux et
bâtimens étrangers, sans perdre par là rien
de leur propriété. Les navires ennemis sont
par rapport et à l'égard des neutres des bâtimens étrangers et amis. Mais comme
c'est une présomption légale, que ce qui
est trouvé dans un navire appartient à son
propriétaire et à sa nation, la cargaison entière d'un navire ennemi, ou pris sur l'ennemi, est justement censée être sa propriété.
Si donc un négociant neutre réclame cette
cargaison, ou une partie de cette cargaison comme sa propriété, il est tenu de
prouver sa propriété, la présomption étant
contre lui, et ses marchandises lui doivent
aussitôt qu'il a verifié sa propriété être re
stituées et rendues.

§. 18. Les vaisseaux de guerre et les armateurs des puissances belligérantes ne sont pas par conséquent fondés ni autorisés à demander à des bâtimens neutres, naviguans en pleine mer, l'exhibition de leur connoissemens et d'autres papiers concernant la cargaison, ou à visiter les marchandises.

§. 19. Ce que les vaisseaux de guerre et les armateurs des puissances en guerre ont besoin d'apprendre, et de quoi ils peuvent demander d'être convaincus, se reduit purement à ceci: si le bâtiment qu'ils ont rencontré en mer est un navire ennemi ou neutre. Mais pour en obtenir la certitude, ni l'exhibition des papiers concernant la cargaison, ni la visite des marchandises est nécessaire. Les seuls passeports ou les lettres de mer y suffisent, et tout ce que les armateurs pourront exiger sera de les voir, ce qu'on ne pourra leur refuser.

§. 20. Ce sont les bornes que le droit des gens universel et naturel met au pouvoir des parties belligérantes par rapport aux nations neutres et à leur procédé envers elles. Mais quelque clairs, évidens et incontestables que soient ces principes du droit de raison, *c*) les nations de l'Europe s'en sont écartées par un esprit d'avidité et d'intérêt, en adoptant des maximes et des régles diamétralement opposées. Il en est resulté un code maritime d'Europe bien différent du droit naturel, dicté par la raison.

SECTION III.

des marchandises prohibées en tems de guerre.

§. 1. Les nations neutres sont en droit et libres d'apporter aux nations en guerre toutes sortes de marchandises sans exception et sans restriction. Les villes et les places bloquées et assiégées leur sont fermées et interdites. Elles n'osent les pourvoir de rien, et doivent s'en tenir éloignées.

§. 2 Chaque souverain peut interdire et défendre à ses sujets tout commerce avec ses ennemis, qui s'interrompt soi-même par la rupture qui éclate entre deux états. Il

---

c) Je n'ai fait que les transcrire de l'ouvrage lumineux et classique en cette matière, de l'
  Essai sur la liberté de la navigation et du commerce des nations neutres pendant la guerre. Sect. V. p. 31. sq.

peut leur défendre de fournir aux ennemis
de l'état des armes, des munitions de guerre.   Les sujets ne peuvent faire ce négoce
sans trahir les intérêts de l'état, sans violer la fidélité qui lui est due.

§. 3. Selon les loix Romaines c'étoit
une crime de Lèse-Majesté de pourvoir les
ennemis de l'état de provisions, d'armes, de
chevaux, et de tout ce qui pouvoit leur être
utile pour la guerre.   Les Empereurs ajou-
tèrent encore la défense de vendre aux
étrangers et aux barbares des harnois, bou-
cliers, flèches, épées et toutes sortes d'armes. *d*)

Le Pape qui se regardoit comme le souverain spirituel, ou du moins comme le père
commun de toute la chrétienté, s'arro-
geoit la direction générale de la guerre
sainte et des expéditions contre les infidèles,
connues sous le nom de croisades.   Dans
cette qualité il défendit à tous les chré-
tiens sous peine d'excommunication de fournir aux infidèles et aux usurpateurs de la Pa-
lestine des armes, des munitions de guerre,
afin

---

d) L. 4. D. ad L. Jul. Maj. L. 1. 2 C. Quae res export.
non deb.

afin qu'ils ne les employassent contre les as-
saillans et les conquérans de la terre sainte. *c*)

Quoique ces défenses faites par les souverains aux sujets, par les Papes aux fidè-
les n'ayent aucun rapport aux nations indé-
pendantes, et qu'elles ne puissent aucunement être appliquées aux nations neutres,
on en a pourtant inféré, que les puissances
en guerre étoient de même en droit de défendre aux nations neutres de porter à leur
adversaire des armes, des munitions de guerre, des marchandises qui servoient à la
guerre, et qui pourroient être nécessaires
ou utiles pour la faire, avec menace, qu'en
cas de contravention, elles feroient saisir
ces marchandises, et les confisqueroient
comme de bonne prise.

Cette usurpation d'une puissance législative et d'une juridiction et autorité sur des
nations neutres trouvoit dans le tems d'ig-
norance d'autant moins d'opposition et d'au-

---

c) Cap. VI. X. de Judaeis et Saracenis, tiré du Canon
XXIV. du Concile de Latran III. de l'an 1179. V. Co-
leti dans *la collection des conciles* T. XIII. col. 429.
Cette défense a été renouvellée et confirmée par le Pa-
pe Innocent III. par l'épître 142 dans *le Recueil des
Bulles, Brefs, Epitres d'Innocent III.* par Étienne
Baluze T. II. p. 587.

I

tant plus d'approbation, que les nations Européennes commencérent à adopter dans leurs traités de commerce et de navigation conclus entre elles le principe général,

qu'une nation neutre étoit obligée de s'abstenir d'un tel commerce illicite avec les puissances en guerre.

On appeloit ces marchandises prohibées et confiscables *Contrabannum*, d'où venoit *Contrebande. d)* On commençoit à insérer dans ces traités des listes et des spécifications exactes des marchandises reputées illicites, qu'il n'etoit pas permis de mener en tems le guerre dans le pays et dans les ports de l'ennemi de l'une et de l'autre partie contractante.

Les anciens traités de commerce se contentent de défenses générales. Les plus récens entrent plus dans le détail. Dans

le traité conclu le 5 Avr. 1614. entre Gustave Adolphe Roi de Suéde et les Etatsgénéraux des Pays - bas unis. Art. V. *e)* il est pris l'engagement de n'assister l'en-

---

d.) Char. du Freske du Canok. *Gloss. med et infim. Lat.* T. I. V Bannum. col. 978 - 79. Carpentier. *Nov. Gloss. med. et inf. Lat.* T. I. v. Contrabannum. p 1113.

e) Corps diplom. univers. du droit des gens p. du Mont. T. V. p. II. P. 247.

nemi de l'une ou de l'autre partie *de conseil, gens, argent, munitions de guerre, victuailles.* Mais il ne s'agit du commerce que l'on fait de pareilles marchandises, mais de l'assistance que l'on donne à l'ennemi, de l'aide, du secours qu'on lui prête et accorde.

Dans les

Traités entre les couronnes d'Angleterre et de Portugal conclus en 1642. Art. XI. en 1654. Art. X. *f)*

les parties contractantes permettent à leurs sujets respectifs de porter à l'ennemi commun des armes et des munitions et provisions, à moins qu'ils ne les exportent immédiatemens des ports de leur domination. Le

Traité de commerce entre l'Espagne et les villes anséatiques conclu en 1647. Art. 3. *g)* ne défend d'apporter à l'ennemi des munitions de guerre que celles qui seroient tirées du pays d'Espagne.

---

f) Thom. Rymeri *Foedera et Acta publ. Anglic.* T. IX. P. III p. 91. Ed. Batav.

Corps dipl. univ. du droit des gens p. Du Mont. T. VI. P. 2. p. 83

g) Corps dipl. T. VI. P. I. p. 405.

Dans le

Traité de commerce conclu en 1646. entre la France et les Provinces unies : Art.
I. *h*)

il se trouve deja une défense générale et
plus détaillée.   On y exprime poudres,
mousquets, armes, chevaux, équipages servans a la guerre.

Un détail plus complet des marchandises de contrebande est contenu dans

le Traité de navigation entre l'Espagne
et les Provinces unies conclu en 1650.
Art. VI. VII. *i*)

Toutes sortes d'armes défensives et offensives, de munitions de guerre, de monture,
d'armement, d'équipage, d'équipement y
sont comprises dans le nombre de marchandises prohibées et de contrebande.   Il
n'y a fait aucune mention des bois et des
matériaux de construction navale.   Le blé
et tout ce qui sert à la conservation et à la
sustentation de la vie humaine est déclaré libre et permis.   De la même teneur sont les
traités plus récens entre l'Espagne et les

---

h) Corps diplom. T. VI. P. I. p 342.

i) Corps dipl. T. VI. p. I. p. 570.

Provinces unies des Pays-bas conclus en
1576. et 1714. *k*)

Depuis le milieu du siècle XVII. il n'y
a point de traités de commerce conclus entre les puissances de l'Europe, où il ne soit
défendu d'apporter aux nations en guerre
contre elles des canons, des armes, des munitions de guerre. Sous cette défense il
n'étoit pas alors compris des grains, des legumes, des provisions à moins qu'ils ne
fussent apportés à des places assiégées, bloquées, ou investies. On ne regardoit pas
non plus comme défendus les matériaux
pour la construction, pour l'appareil et pour
les agrêts des vaisseaux. Le

Traité de commerce que le Roi de France conclut en 1655. avec les villes anséatiques

fut le premier qui comprit dans la de-
signation des marchandises de contrebande
les cordages et les toiles navales. Art. 2. *l*)
Le nombre de ces marchandises défendues
est encore augmenté davantage dans le

---

k) Corps dipl. T. VII. P. I. p. 325. Tom. VIII. P. I.
    p. 427.

l) Corps dipl. univers. T. VI. p. 2. p. 103.

134

Traité d'alliance et de commerce conclu en 1661. entre les couronnes d'Angleterre et de Suéde. Art. XI. *m*)

On y met l'argent, les provisions, les victuailles, les chevaux, les harnachemens, les vaisseaux de guerre.

Dans les

Traités de commerce et de confédération conclus entre la France et les Provinces unies en 1662. 1678. 1697. 1713. 1739. le même recensement, la même spécification des marchandises de contrebande. Il y est dit: *n*)

,,En ce genre de marchandises de con-
,,trebande seront seulement comprises tou-
,,tes sortes d'armes à feu et autres assorti-
,,mens d'icelles, comme canons, mousquets,
,,mortiers, petards, bombes, grenades, sau-
,,cisses, cercles poissés, affuts, fourchettes,
,,bandoulières, poudre, mérions, casques.
,,cuirasses, halebardes, salpêtre, balles,
,,piques, épées, javelines, chevaux, selles
,,de cheval, fourreaux de pistolets, bau-

---

m) Corps dipl. univ. T. VI. P. 2. p. 385.

n) Art. XVI. XVII. Recueil de Traités de *Mr.* Rousset T. XIV. p. 456.

„driers, et autres assortimens servant aux
„usages de la guerre.

„Ne seront compris dans ce genre de
„marchandises de contrebande les fromens,
„bleds es autres grains, légumes, huiles,
„vins, sels, et généralement tout ce qui
„appartient à la nourriture et sustentation
„de la vie; mais demeureront libres. etc.

Les deux nations rivales du monde
commerçant, l'Angleterre et les Provinces
unies ont cherché dans leurs traités à pré
venir tous les différends qui pouvoient naî-
tre de cette rivalité et jalousie de commerce. Elles ont exactement spécifié et dé-
signé les marchandises de contrebande, en
exceptant nommément, en déclarant libres
expressément celles dont le commerce devroit rester permis.

Dans le traité conclu en 1668. on ne
comprend dans le nombre des marchandises
de contrebande que les armes à feu, toutes
les autres sortes d'armes tant offensives que
défensives, toutes les munitions de guerre.
Mais le blé, les grains, les légumes, et généralement tous les vivres y sont déclarés
libres et permis. o)

---

o) Art. III. IV. Corps dipl. universel. T. VII. P. I. p. 71.

Dans le

Traité de commerce et de navigat. conclu
entre ces deux nations en 1674.

il est stipulé la liberté la plus illimitée du
commerce en tems de paix et de guerre, et
les marchandises non prohibées, permises
y sont exprimées et spécifiées avec une exactitude particulière et scrupuleuse. La désignation des marchandises permises et libres y est très étendue et détaillée, comprenant. *Art. II. IV. p*) nommément:

„Les étoffes et manufactures de laine,
„lin,, soie, coton, et de quelqu'autre ma-
„tière qu'il soit, toutes sortes d'habits et de
„vêtemens, l'or et l'argent monnoyé, etain,
„fer, plomb, cuivre, charbon, blé, fro-
„ment, orge et autres grains, chairs salées
„et fumées, poisson sec et salé, froma-
„ge, beurre, huile, vins, sucres, sels, et
„tout ce qui appartient à la nourriture et
„sustentation de la vie, les cotons, chan-
„vre, lin, poix, cordages, voiles, ancres,
„mats, planches, poutres, bois travaillé de
„toute espèce d'arbres, et *qui peut servir*
„*à construire des vaisseaux, ou à les ra-*

---

p) Corps dipl. universel. T. VII. P. I. p. 283.

„*douber.* C'est le seul traité qui déclare „expressément et nommément le bois et les „matériaux de la construction navale libres „et permis.

Tous les autres traités tant anciens que modernes et récens restreignent le nombre des marchandises prohibées et de contrebande aux armes, et aux munitions et instrumens de guerre.

Dans le

Traité de commerce et de navigation conclu entre le Roi des deux Siciles et les Provinces unies le 27 Août 1753. Art. XXI. XXII. *q*)

on ne comprend dans la désignation des marchandises défendues et de contrebande que les armes, les munitions de guerre, et les assortimens propres et servans a la faire.

Dans le

Traité de commerce conclu entre la Russie et l'Angleterre en 1766. Art. XI. *r*) le nombre des marchandises de contrebande est borné aux armes, aux fournitures et

---

q) Wenck: *Cod. Jur. gent.* T. II. p. 763.

r) Dans *les Loisirs* du Chevalier d'Eon de Beaumont. T. V. p. 255.

munitions de guerre, à ce qui sert à vêtir,
à équiper, à armer le soldat.

Les

Conventions maritimes ou de neutralité armée conclues entre la Russie et le Danemarc, la Suéde, la Prusse en 1780 - 1782.
ne qualifient de marchandises prohibées
et de contrebande que celles qui sont énoncées comme telles et désignées dans le traité susdit entre la Russie et l'Angleterre conclu en 1766. *s*)

Le

Traité de commerce et de navigation entre la Russie et la France conclu en 1787.
Art. XXIX. *t*)
ne désigne comme marchandises de contrebande que toutes les sortes d'armes, de
munitions de guerre, et les assortimens propres et servans à équiper, à armer le soldat, déclarant toutes les autres qui ne sont
pas nommément spécifiées libres et permises, et par conséquent non sujettes à être
confisquées.

---

s) Recueil de Traités etc. *par Mr.* DE MARTENS. T. II.
p. 105.. 112. 131.

t) Recueil de traités *par Mr.* DE MARTENS. T. III. p. 1f.
Essai sur les Consuls *par.* DE STECK. p. 207.

Le

Traité de commerce entre la France et l'Angleterre conclu en 1786. Art. XXII. XXIII. *u*)

est entièrement conforme au traité entre l'Angleterre et les Provinces unies conclu en 1674. Il ne qualifie de contrebande et ne désigne comme marchandises et effets prohibés que les armes, les munitions et les instrumens de guerre. Il déclare libres et permis d'être portés à l'ennemi, toutes sortes de vivres, toutes choses qui appartiennent à la nourriture et à la sustentation de la vie, le bois et tous les matériaux servans à la construction, à l'équipement, à l'appareil, aux agrêts des vaisseaux.

On voit par ce que j'ai dit et allegué, combien varient et diffèrent les traités et les conventions des nations d'Europe sur la détermination des effets et des marchandises qui doivent être reputés de contrebande, saisissables, confiscables, et des marchandises qui doivent être censées libres, per-

---

u) Recueil de traités *par Mr.* DE MARTENS. T. II. p. 698. Essai sur les consuls *par* DE STECK. p. 447.

mises, non sujettes à être saisies, et confisquées. *w*) Mais on entrevoit aussi une disposition des puissances matitimes à restreindre et diminuer le nombre des marchandises de contrebande, et d'affranchir le commerce des neutres de ces entraves odieuses, pernicieuses, destructives du commerce et de la navigation des nations.

SECTION IV.

Principes du droit des gens Européen concernant la liberté du commerce et de la navigation des nations neutres pendant la guerre.

I. Principes du droit des gens Européen ançien.

§. 1. Les nations d'Europe n'ont pas tenu aux principes simples et évidens du droit naturel. Elles s'en sont écartées et dépar-

---

w) V. GALLIANI *von den Rechten der Neutralitaet* 2, *Th.* 3 *Cap* §. 4. Art 1 - 9. p. 54 - 109. Essai sur la liberté du commerce des nations neutres etc. S. VI. §. 67 - 87.

ties dèsque leur navigation a pris l'essor. Elles s'accordent et conviennent de ce, que les nations neutres sont libres et en droit de continuer sans interruption pendant la guerre avec les nations belligérantes le commerce qu'elles ont fait en tems de paix.

§. 2. Mais ce commerce des nations neutres avec celles en guerre suppose selon l'opinion commune, qu'il soit fait et exercé

α. Par les vaisseaux qui appartiennent à la nation neutre.

β. Qu'il ne soit fait que des marchandises qui sont sa propriété ou celle d'autres nations amies ou neutres.

γ. Que celles soient chargées dans des navires ou propres, ou appartenans à une autre nation neutre ou amie.

§. 3. Quand une nation neutre charge

α. dans ses navires des effets et des marchandises qui appartiennent à une des nations en guerre,

β. ou quand elle charge ses effets et ses marchandises dans un navire et bâtiment ennemi, c'est à dire appartenant à une des nations belligérantes, il s'eléve alors plus de discussions et de difficultés.

§. 4. Au lieu de s'attacher et de se conformer simplement à ce que dicte la saine raison, les nations ont adopté et suivi les principes et les régles que contient la célèbre compilation et rhapsodie d'ordonnance, de statuts, de coutumes maritimes connue sous le titre:

Il consolato del mare, ou
Le consulat de la mer.

Ce recueil étant reçu et adopté comme le code maritime tant des particuliers que des nations, on en a consacré les décisions dans les différends et les contestations des souverains et des peuples. Selon les principes de ce code énoncés dans le Chap. 273.

On ne doit regarder que la propriété des marchandises, si les marchandises d'un ami et neutre se trouvent chargées dans un bâtiment ennemi; et quand à l'encontre les marchandises d'un ennemi sont chargées dans un navire d'un ami ou d'un neutre.

De là s'ensuivent ces deux regles:

I. Les marchandises d'un ennemi chargées dans un bâtiment neutre et ami sont de bonne prise et confiscables.

II Les effets d'un ami et neutre chargés dans un navire ennemi sont libres, et à l'abri des saisies et des confiscations.

Ces régles ont été adoptées et suivies par les nations d'Europe, et consacrées par plusieurs traités de commerce du quatorzième et quinzième siècle.

Dans le

Traité entre Edouard III. Roi d'Angleterre et les villes maritimes de Castille et de Biscaye conclu en 1351. *x*)

Traité conclu en 1353. entre le Roi Edouard III. Roi d'Angleterre et les villes de Lisbonne et de Porto. *y*)

il est stipulé, que les effets de l'ami et du neutre trouvés dans un navire pris sur l'ennemi doivent être censés libres, à couvert de la confiscation, et être rendus aux réclamateurs après en avoir constaté la propriété par leur serment.

---

x) Thom. Rymer: *Foeder et Act. publ. Anglic.* Tom. III. P. I. p. 71. de l'Edit. de Hollande.

y) Rymer. T. III. P. I. p. 83.

Dans le

Traité entre Henri V. Roi d'Angleterre et Jean Duc de Bourgogne en 1417. z) et

dans les traités conclus entre Edouard IV. Roi d'Angleterre et les Ducs de Bourgogne Maximilien et Marie et entre Henri VII. Roi d'Angleterre et Philippe Archiduc d'Autriche, Duc de Bourgogne conclus en 1478. et 1496. il est convenu et arrêté, que les marchandises d'un ennemi chargées dans un bâtiment d'un ami et neutre seroient de bonne prise et confiscables a)

Ces principes ont prévalu jusqu'au siècle seizième et les inconvéniens seuls qui en ont resulté ont déterminé les nations maritimes et commerçantes à s'en départir.

II. Principes du droit des gens Européen récent et moderne.

§. 1. Le droit de saisir les effets ennemis chargés dans un bâtiment neutre autorisoit

____

z) RYMER. T. III. P. 3. p. 12.

a) RYMER. T. V. P. III. p. 88. T. V. P. IV. p. 84. 85. de l'édition de Hollande.

risoit les parties belligérantes à visiter les navires néutres, pour découvrir s'il s'y trouvoit
chargé des marchandises appartenantes à
l'ennemi ou à ses sujets.   Les Puissances
commerçantes dont la navigation et le commerce en souffroient infiniment, songeoient
à se soustraire à une pratique si incommo-
de, et sujette à des abus si crians.   Les
Etats-généraux des Provinces unies furent
les premiers, qui contraints par la ruine de
leur commerce de fret et d'économie, qui
en devoit resulter, s'en plaignissent et ob-
tinent un changement des principes de la
France. Dans les

Traités conclus entre eux et ce royaume en 1646., et entre la France et le protec-
teur d'Angleterre Cromvel, *b*) il est stipulé,
que les vaisseaux amis et neutres ren-
droient aussi leur cargaison libre, quoiqu'elle consiste en marchandises appartenantes à l'ennemi et aux sujets ennemis.

§. 2. On commençoit dès-lors à ne
considérer pas plus la propriété des marchandises, mais celle du vaisseaux, et à
adopter et établir la régle:

I. Que le vaisseau libre rend les marchandises libres,

---

b) Corps dipl. univ. T. VI, P. I. p. 342. P. II. p. 115.

K

II. et que le vaisseau confiscable rend aussi les marchandises confiscables.

En conséquence de ce principe on devoit adopter la régle,

I. Que les effets de l'ennemi chargés dans un bâtiment neutre sont à l'abri de la saisie et de la confiscation;

2. Que les effets de l'ami et du neutre chargés dans un navire ennemi sont sujets à la saisie et à la confiscation.

§, 3. Le traité

entre le Roi d'Espagne et les Etats-généraux des Provinces unies conclu en 1650. Art. 13. 15. c)

énonce et développe deja clairement ces régles, et les traités faits depuis entre ces puissances en 1676. en 1714. les confirment et les établissent entièrement. d) C'est donc un rêve, et une illusion que de s'imaginer et de se persuader d'être le premier qui ait établi et suggéré ce principe adopté et reçu depuis le milieu du siècle passé par toutes les nations de l'Europe dans les traités de commerce et de navigation qu'elles ont conclus. e)

---

c) Corps dipl. univ. T. VI. p. I. p. 571.
d) Corps dipl. univ. T. VII. p. I. p. 325. T. VIII. p. I p. 427.
e) Le Recueil de traités etc. *par Son Exc. Mr. L*

§. 4. A l'égard des bâtimens neutres la question n'étoit donc plus:

si les marchandises y chargées étoient la propriété de l'ennemi?

mais seulement celle - ci:

si elles étoient permises, non pas prohibées, défendues, de contrebande?

Pour constater cela, l'exhibition des passeports et des lettres de mer devoit être reputée suffisante, et la visite du vaisseau et de sa cargaison devenoit aussi superflue et inutile qu'illicite. Cette nouvelle maxime et methode n'avoit pas les inconveniens auxquels l'ancienne étoit sujette. C'est pourquoi cette régle a été généralement adoptée et établie par les nations maritimes dans leurs traités de commerce depuis 1654. jusqu'à nos jours à peu d'exceptions.

Je n'en alléguerai que

le traité du Portugal et de l'Angleterre de 1654. 1) Art. 23.

de la France et de l'Espagne de 1659. Art 19. 2)

Comte de Herzberg. T. II. *Remarq. sur la la neutralité armée, et sur le traité de commerce conclu avec les Etats unis de l'Amérique septentrionale.*

1) Corps dipl. univ. T. VI. P. II. p. 82.

2) Corps dipl. T. VI. P. II. p. 264.

de la France et des Provinces unies des Pays-bas, de 1662. 1678. 1697. 1739. 3) de la France et du Danemarc de 1662. 1742. 4) de la France et de la Suede de 1672. 5) de la France et de l'Angleterre de 1677. 1713. 6) de l'Espagne et de l'Angleterre de 1667. 1670. 1713. 7) de l'Angleterre et des Provinces unies des Pays-bas de 1668. 1674. 8) de l'Empereur Charles VI. et du Roi d'Espagne Philippe V. 1725. 9) du Roi des deux Siciles et des Pays-bas unis de 1752. 10)

---

3) Corps dipl. T VI. P. II. Art 28 29. p. 414.
Tom. VII. P. I. p. 357. P. II. p. 386.
Tom. VIII. P. I. p. 577.
Recueil *par Mr.* Rousset. T. XIV. p. 447.
4) Hubner: *sur la saisie des bâtimens neutres.* T. II. p.
185 Art XX. XXI. XXII. du Tr. de 1742. Wenck:
Cod. Jur. gent. recent. T. I. p. 611. *sq.*
5) Corps dipl. T. VII. P. I. Art. 29. p. 166.
6) Corps dipl. T. VII. P. I. Art. 8. p. 327. T. VIII. P.
I. Art 27. p. 345.
7) Corps dipl. T. VII. P. I. Art 23. 26. p. 27, 157. T.
VIII. P. I. p. 409.
8. Corps dipl. T. VII. p. I. Art X. p. 74. T. VII. P. 2.
A. 8. p. 282.
9) Corps dipl. T. VIII. P. 2. Art 10. p. 114.
10) Art. XX. XXI. Wenck: *Cod. Jur. gent. rec. T. II*
p. 763 *sq.*

de la France et les Provinces unies de l'Amérique de 1778. Art. XII. XIII. sq. 11)

§. 5. Le Traité de commerce conclu entre la Russie et la Grande-Bretagne en 1766. étant en ce point ambigu, obscur, douteux, défectueux, l'auguste Impératrice qui gouverne actuellement le vaste empire de Russie avec une gloire qui offusque et efface celle des monarques de tous les siècles passés, a selon sa sagesse jugé nécessaire d'y suppléer par sa convention de neutralité armée, conclue

avec le Danemarc le 9. Juill. 1780. *g*)

avec la Suede le 1 Août 1780. *h*) avec la Prusse le 8. Mai 1781. *i*)

à laquelle accéderent presque toutes les puissances de l'Europe. La nouvelle régle y est adoptée, établie, et développée avec toute l'évidence possible. Les principes, sur lesquelles est fondé le systéme de la neutralité armée ne sauroient pourtant être

---

11) Recueil de Traités *par Mr.* DE MARTENS. T. I. p. 691. sq.

f) Recueil de Traités *par Mr.* DE MARTENS T. I. Art. X. p. 143. Collection of all the Treaties etc. between Great Britain and other Powers *by* CHARLES JENKINSON. Vol. III p 218.

g) Recueil de traités etc. *p. Mr.* DE MARTENS. T. II. p. 103.

h) c. l. p. 110.

i) c. l. p. 130.

reputés nouveaux. Mais n'étant pas encore généralement reconnus, ils en reçurent une sanction générale. Voici en quoi ils consistent, et à quoi ils se reduisent:

I. Les vaisseaux neutres peuvent naviguer librement de port en port, et sur les côtes des nations en guerre.

II. Les effets appartenans aux sujets des puissances en guerre sont libres sur des vaisseaux neutres, à l'exception des marchandises de contrebande.

III. On ne regardera comme marchandises de contrebande et défendues que celles qui sont nommément énoncées et exprimées dans le traité de la Russie et de la Grande-Bretagne, conclu en 1766.

IV. On fera aussi exception des places investies, bloquées, assiégées, et pour déterminer ce qui caractérise une port bloqué, on n'accordera cette dénomination qu'a celui, où il y a, par la disposition de la puissance qui l'attaque, avec des vaisseaux suffisamment arrêtés et proches, un danger évident d'entrer.

V. Ces principes serviront de régle dans les procédures et les jugemens des prises et de leur légalité.

§. 6. Les Traités des commerce conclus

depuis cette époque en Europe sont entièrement conformes à ces principes, p. e. celui
de la Russie et de la France de 1787.
Art. XXVI - XXXIII. *k*)
de la Russie et du Danemarc de 1782.
Art. XVI. XVII- XXI. *l*)
de la Russie avec le Portugal de 1787.
Art XXII - XXVII. *m*)
de l'Impératrice de Russie et du Roi des
deux Siciles de 1787. Art. XVII - XXIII. *n*)
de la France et de la Grande-Betragne de
1786. Art. XXX - XXX. *o*)

Ces puissances ont parfaitement acquiescé à ces principes, en les adoptant sans
restriction, et on peut espérer que ces régles
formeront et établiront un code maritime
permanent de l'Europe.

§. 7. Je me suis borné à ne donner qu'u-
ne esquisse de cette matière à l'usage de
ceux qui s'en occupent sans avoir le loisir
de fouiller dans les ouvrages plus amples, et
dans les recueils volumineux de traités. *p*)

---

k) Recueil de Traités *par Mr.* DE MARTENS. T. III. p. 15. sq.
l) c. l. Tom II. pag. 290. sq.
m) c. l. Tom. III. p. 117. sq.
n) c. l. T. III. p. 43. sq.
o) c. l. T. II. p. 695.
p) Je renvoye ceux qui désirent d'être instruits à fond à
l'ouvrage classique:
Essai sur la liberté du commerce et de la navigation des

CHAPITRE DIX-NEUVIÈME.

Le blé, les grains, le bois et les matériaux de construction navale sont ils réputés et censés être de contrebande.

Selon la maxime généralement adoptée il est permis aux nations neutres d'apporter et de fournir aux nations en guerre des vivres et tout ce qui sert à la nourriture et à la subsistance des hommes. *q)* Ce principe est consacré par des traités des nations les plus commerçantes et les plus jalouses de la liberté de la navigation, et en même tems de l'empire des mers.

Dans le

Traité de commerce et de navigation conclu entre l'Angleterre et les Provinces unies des Pays-bas le 11 Dec. 1674. Art.. 2. 4. *r)*

toutes les denrées et marchandises qui appartiennent et *servent à la nourriture et à*

---

neutres pendant la guerre. 1780. et à l'Essai sur un code maritime général de l'Europe. 1782

q) *Rechte der Neutralitaet etc. aus dem Italiaenischen des Herrn Galliani uebersetzt von Carl Ad. Caesar.* 2 *Theil* 9. *Cap.* §. 5. *p.* 91. *sq.*

r) Corps dipl. univ. du droit des gens. T. VII. P. I. p. 285.

la subsistance des hommes et à la sustentation de leur vie, sont déclarées libres et
permises.   Le

Traité de commerce et de navigation conclu entre la France et la Grande-Bretagne le 26 Sept. 1786. Art XXIII. *s*)

met pareillement au nombre des choses et
des marchandises libres et permises toutes
les denrées et productions qui servent à la
nourriture et à la subsistance des hommes.
Il énonce expressément toutes les sortes de legumes, le tabac, toutes les sortes d'aromates,
chairs salées et fumées, poissons salés, fro-
mages et beurre, bières, huiles, vins et sucre,
toutes les sortes de sels et de provisions etc.

Il s'entend que l'on doit en excepter
les villes et les places investies, cernées, bloquées, assiègées dont la reddition seroit retardée, s'il étoit permis de leur fournir des
provisions.

Il est aussi naturel que la liberté d'apporter à une nation en guerre des denrées
qui servent à sa subsistance, ne sauroit être
accordée aux sujets de la nation belligérante, qui sans trahir les intérêts de la patrie
ne peuvent aider l'ennemi de l'état, ni de le

---

s) Recueil de Traités *par Mr de Martens.* T. II. p. 695.

pourvoir des denrées qui servent à sa nourriture. Le souverain est en droit non seulement de confisquer les denrées que ses sujets veulent apporter aux ennemis de l'état, mais d'infliger aussi des peines corporelles à ceux qui se mêlent d'un commerce si criminel.

Le blé, étant la denrée la plus nécessaire et la plus essentielle à la nourriture des hommes, ne sauroit qu'être mis principalement au nombre des choses que les nations neutres peuvent apporter et fournir aux nations en guerre. On comprend dans cette dénomination générale toutes sortes de grains, le froment, le seigle, l'orge, l'avoine, le pois, la vesce, le maïs, le sarrasin, le millet, les grands et les petits blés.

Les Traités de commerce conclus entre les nations de l'Europe sont d'accord de déclarer libres et permises toutes sortes de blé, de grains, de legumes. Je n'en alléguerai que les récens: Le

I. Traité de commerce entre l'Espagne et les Provinces unies des Pays-bas de 1714. Art VI. VII. *t*)

II. Traité de comm. et de navig. entre

---

t) Corps dipl. univ. T. VIII. P. I. p. 427.

l'Angleterre et les Provinces unies des Pays-bas conclu en 1674. Art. 2. 4. *u*)

III. Traité de navig. et de commerce entre la France et la Grande-Bretagne conclu le 26. Sept 1786. Art. XXIII. *x*) où se trouve la stipulation expresse:

„on ne mettra pas au nombre des mar-
„chandises défendues celles qui suivent, sa-
„voir — — toutes sortes d'aromates, le
„blé, l'orge, le seigle, toutes sortes de grains
„et de légumes.

Les conventions de la neutralité armée exceptent implicitement le blé, en exceptant du nombre des marchandises prohibées toutes celles qui ne sont pas nommément énoncées dans la liste des marchandises de contrebande, ce qui est encore plus clairement exprimé dans le

Traité de comm. et de navig. entre la France et la Russie conclu le 11. Janv. 1787. Art. XXIX. *y*)

Les auteurs, les jurisconsultes, les traités varient également en se déclarant sur les bois et les autres matériaux de la construction et de l'armement des vaisseaux.

---

u) Corps dipl. univ. T. VII. P. I p. 283.

x) Recueil de traités *par Mr.* DE MARTENS T. II. p. 695.

y) Recueil de traités *par Mr.* DE MARTENS T. III. p. 16.

Quelques uns mettent au nombre des marchandises de contrebande tous les bois et tous les matériaux qui servent à construire et à armer les vaisseaux de guerre. Ils en exceptent tacitement les bois et les matériaux destinés à la construction et aux agrès des navires marchands. *z*) Quoique cette distinction soit fondée dans la nature des choses et dans l'équité naturelle, la pratique en est sujette à des difficultés insurmontables par rapport à la preuve et à la détermination de la destination des bois et des matériaux de construction navale.

D'autres distinguent les bois d'une certaine grosseur qui ne peuvent servir qu'à la construction des vaisseaux de guerre, d'avec ceux qui sont propres à la construction des navires marchands. *a*) Mais cette détermination est trop vague pour pouvoir servir de régle. Il y a des navires marchands presqu'aussi grands que les vaisseaux de guerre du second ou du troisième rang, et construits de sorte de pouvoir être inconti-

---

z) Droit des gens *par Mr* DE VATTEL. L. III. Ch. VII. §. 112.

a) Traité de la saisie des bâtimens neutres *par Mr.* HUBNER T. I. P. I Ch. I. §. V. p. 131. sq. CHR. GALLIANI adopte aussi cette distinction dans son traité *von den Rechten der Neutralität,* 2. B. 1. Buch 9. Cap. §. 115.

nent armés en guerre ou en course. Il
y a aussi des bâtimens de guerre et armés en course plus petits que les navires
marchands, comme des frégates, des brigan-
tins etc. à la construction desquels les petits bois sont très propres.

Il faut donc recourir aux traités. S'ils
déclarent les bois et les matériaux de la
construction navale libres et permis, on n'a
pas besoin de distinctions. Si au contraire
ils les déclarent défendus, prohibés, de contrebande, on n'admettra pas la distinction
entre les bois et les materiaux destinés à la
construction et aux agrès des navires marchands, et ceux qui servent à construire et à
armer les vaisseaux de guerre et les bâtimens
armés en course. Si ces traités passent sous
silence les bois et les matériaux de la construction navale, ils sont censés permettre et
déclarer libres ces bois, excepté ceux qui
sont manifestément destinés à la construction
des vaisseaux et des bâtimens en guerre et à
leur armement. Je me borne à en apporter
peu d'exemples. Le

Traité de commerce et de navigation conclu en 1667. entre la Suede et les Provinces unies des Pays - bas, Art. 4. *b)*

____

b) Corps dipl. univ. T. VII. P. I. p. 37.

met expressement au nombre des marchandises libres et permises

tout ce qui est nécessaire pour la construction et l'équipement des vaisseaux, comme chanvre, toiles royales, goudron, poix, mats, poutres, planches, cordages, ancres etc.

Le

traité de commerce et de navig. entre l'Angleterre et les Provinces unies des Pays-bas conclu le 11. Dec. 1674. Art. 3. 4. c) déclare pareillement libres et permis

„Chanvre, lin, poix, cordages, voiles, „ancres, mats, planches, poutres et bois „travaillés des toutes espèces d'arbres et „tout ce qui peut servir à construire des „vaisseaux, ou à les radouber.

Le

traité de commerce et de navigation entre la France et la Grande-Bretagne conclu le 26. Sept. 1786. Art. XXIII. d) contient la stipulation expresse:

„On ne mettra point au nombre des „marchandises défendues celles qui suivent, „savoir — — tout genre de cotons, corda-„ges, cables, voiles, chanvre, suif, gou-

---

c) Corps dipl. univ. T. VII. P. I. p. 283.

d) Recueil de traités *par Mr.* DE MARTENS. T. II, p. 956.

„dron, brai, 'et résine, ancres et parties
„d'ancres, qu'elles puissent être, mâts de
„navires, planches, madriers, poutres de tou-
„tes sortes d'arbres, et toutes les autres
„choses nécessaires pour construire ou
„pour radouber des vaisseaux.

La nation Françoise ayant poussé sa démence, son délire, sa frénésie, sa férocité jusqu'à se déclarer ennemie du genre humain, jusqu'à abdiquer la qualité d'une nation civilisée, d'un peuple policé, jusqu'à abjurer le droit des gens, et à méconnoitre et à violer les droits sacrés de la raison et de la nature, les puissances engagées dans cette guerre terrible avec une nation degénérée et dénaturée ne sauroient plus observer aucune régle, ni garder aucune mesure avec elle. Pour la dompter, pour la reduire, il est indispensablement nécessaire de lui ôter, de lui couper toutes les ressources, de la priver de tous les moyens de subsistance. Il faut empêcher que les nations neutres ne lui portent ni vivres ni bois et matériaux de construction navale; il faut saisir et enlever les blés, les grains, les bois de construction, destinés aux ports de France. Voilà les raisons et les motifs qui ont déterminé les déclarations

de la Russie et de la Grande-Bretagne faites récemment à la cour de Stockholm et
de Copenhague.

Mais en enlevant, en saisissant, en arrêtant le blé et le bois de construction appartenans ou destinés à la Nation Françoise, chargés en des bâtimens neutres, les
Puissances belligérantes n'ont aucunement
le but de faire du butin. Elles se contentent de priver le peuple barbare des moyens de sa subsistance, de sa nourriture et
de son armement sans pousser la rigueur
jusqu'à confisquer la cargaison. Elles se
bornent à s'approprier le blé et le bois
en payant la valeur, ou à obliger le capitaine de les vendre dans le port où le navire est amené, ou de les ramener au port
d'où il est parti, ou de les conduire dans
un autre pays neutre ou ami pour s'en dé-
faire.